벌거벗은 광고인

광고인을 꿈꾸는 이들을 위한
스토리 가이드북

벌거벗은 광고인

초판발행 2016년 2월 12일
초판 4쇄 2019년 1월 11일

지은이 이구익
펴낸이 채종준
기 획 조가연
편 집 조은아
디자인 이효은
마케팅 황영주 · 김지선

펴낸곳 한국학술정보(주)
주 소 경기도 파주시 회동길 230(문발동)
전 화 031-908-3181(대표)
팩 스 031-908-3189
홈페이지 http://ebook.kstudy.com
E-mail 출판사업부 publish@kstudy.com
등 록 제일산-115호(2000. 6. 19)

ISBN 978-89-268-7122-5 13040

광고인을 꿈꾸는 이들을 위한
스토리 가이드북

벌거벗은 광고인

이구익 지음

이담
Books

당신의 ♥
꿈은 무엇인가요?

꿈을 싣고..
dream
꿈을 위해
내 꿈을 꺾지마!
내 꿈은 직진 중~

힘하고 힘들어도 내 꿈은 No.1

오늘도 꿈을 향해 달리다

쑥쑥 자라라~
dream

높이 날아봐

Hi
안녕~ 내 꿈아...

꿈을 향해

나를 따르라♪

PT
자라라
내꿈~♡

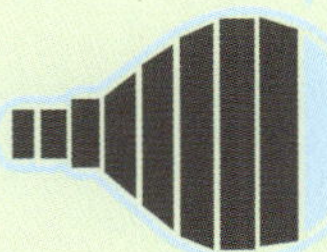

되는 것도 어렵지만
잘하기도 어려운 광고인

정신없이 일하다 가끔 창밖을 쳐다보면 저 멀리 남산이 보인다. 실제로 산은 멀리 떨어져 있지만 보고 있으면 마치 가까이 있는 느낌을 주어 마음이 편안해진다. 그리고 때론 계절마다 다른 모습이어서 더 다채롭고 아름답게 느껴진다. 그래서일까? 산을 바라볼수록 저 높은 정상에 한번 꼭 오르고 싶은 마음이 생긴다. 하지만 막상 등산을 하려고 산 밑에 서면 아름다운 상상은 사라지고 험난한 실체를 보게 된다. 그래도 용기 내어 산을 오르지만 이내 후회하는 마음이 생긴다. '그저 바라만 보면 좋았을 것을 왜 올라가고 있을까' 생각하며 포기하고 싶을 때도 있다. 혹은 '더 낮고 편한 산을 선택해 올랐으면 좋았을 걸'이란 후회하는 마음이 생긴다. 하지만 결국 어렵게 정상에 다다르면 후련해진 마음으로 경치를 즐기고 힘들게 올라온 시간들 또한 보람차게 느껴질 것이다. 머지않아 곧 내려가야 함을 알면서도 말이다. 나는 이것이 마치 광고인을 동경했을 때와 광고인이 되었을 때, 마침내 광고를 만들어 보람을 느꼈을 때의 상황과 비슷하다고 생각한다. 무엇이든 조금 멀리 떨어져서 보면 실체보다 아름다워 보이지만 막상 가까이 가서 보거나 직접 겪어보면 달라지기 때문이다.

　우리가 생활 속에서 흔히 보는 광고는 누가 어떻게 만들었는지 모르지만 재미있고 감동적이며 멋지다. 잘 만들어진 광고 한 편은 그대로 유행어가 되기도 하고 사회 트렌드를 만들어내기도 한다. 광고를 통해 유명해진 제품은 엄청난 매출을 일으키기도 하고 무명의 연예인을 스타가 되게도 해준다. 이렇듯 광고는 결과물로서 큰 힘을 가지고 있다.

　그렇다면 이런 광고는 과연 누가 만들까? 그리고 정말 광고를 만드는 사람들은 멋진 광고를 만들었으니 행복할까? 누구나 한번쯤 광고를 만드는 사람이 되길 꿈꾼 적이 있을 것이다. 광고인이 되기 위해 광고홍보학과에 진학하려 노력하고 광고동아리에 들어가서 활동하기도 하며 광고공모전을 밤새 준비하기도 한다. 광고인이 나오는 TV 프로그램을 보고, 네이버와 유투브 등에 광고에 대해서 검색하고, 관련 자료들을 찾아보기도 한다. 그렇게 조금씩 광고에 대해 알아가며 광고인이 되기 위한 꿈을 키울 것이다. 나도 광고인이 되고 싶은 학생이었을 때 선배 광고인들은 광고인이 되기란 무척 힘들고 좋은 광고인이 되기란 더욱 어려운 일이라 말했지만 짝사랑의 열망처럼 광고에 대한 애정은 더욱 깊어졌다. 어떻게든 광고인이 되었다고 해도 실은 그때부터가 진짜 시작이다. 그 아름다웠던 광고에 대한 풍경들이 현실이 되면서 야근은 시작되고 이것이 결론적으로 광고를 만들기 위한 치열한 과정이었다는 것을 몸소 겪게 된다. 좋은 아이디어를 내는 것이 전부라고 생각했던 것과는 달리 올바른 전략부터 고민해야 하고 방대한 자료들을 확인하면서 콘셉트를 찾아야 하며 무수히 많은 회의를 통해 조금씩 더듬거리듯 방향을 좁혀가야만 한다. 그 안에서 자신의 부족함을 절실히 느끼게 되고 노력만으로도 어려운 상황을 더 자주 마주하게 된다. 그러면서 과연 내가 생각한 광고일이 이게 맞는 것인지, 내게 광고라는 업무가 잘 맞는 것인지 등

갈등과 고민에 휩싸이기도 한다.

　치열한 경쟁률을 뚫고 어렵사리 광고회사에 입사했지만 제대로 된 광고를 만드는, 멋진 광고인이 되기란 쉽지 않다. 광고회사는 지나치게 분주하고 광고주는 좀처럼 여유를 주지 않으며, 한참을 일에 빠져 살다보면 가족은 물론 친구들에게도 소원해진다. 이리 치이고 저리 치이다보면 아이디어 회의는 많은데 제대로 된 아이디어를 내기도 쉽지 않고, 열심히 일했지만 성과가 나오지 않는 순간들이 반복되면 '광고인의 삶이 절대 만만치 않구나', '되기까지 정말 어려웠는데 제대로 하는 것은 더 어려운 길이구나' 하고 깨닫게 된다. 광고일을 하면 할수록 만들고 싶은 광고와 현재 광고제작물들의 괴리도 느낀다. 하지만 이 험난한 길을 거치면 바쁜 업무도 적응이 되고 좋은 동료들과 즐겁게 광고를 만드는 순간이 온다. 때로 힘들지만 보람 있고 불가능해 보이던 일들을 해냈을 때의 성취감도 맛볼 수 있다. 길을 지나거나 무심코 컴퓨터나 TV를 틀었을 때 내가 참여해 만든 광고가 보이면 기쁘고 보람차다. 어렵사리 시간을 내 만난 친구들과 이야기를 하다가 내가 만든 광고를 자랑하면 "와! 정말 그게 네가 만든 거라고?", "나 그 모델 정말 좋아하는데! 대단해!", "촬영할 때 아르바이트 필요하면 나 좀 불러줘!" 하고 눈을 반짝이며 말한다. 이런 반응을 볼 때마다 광고인인 내가 자랑스럽고 광고인이 되는 것을 동경했던 초심이 생각나기도 하지만 마음속으로는 '니들이 광고를 알아?'라고 되묻고 싶어진다.

　광고는 눈에 보이지 않는 많은 노력으로 완성되며 소비자에겐 보이는 것이 전부가 된다. 그렇기 때문에 광고인이 되고자 하는 이들에게 그 방법에 대해 자세히, 진솔하게 말해주고 싶다. 특히 보이지 않는 노력과 준비 그리고 우리 광고인의 삶을 말이다. 광고를 직접 만들어내는 직업으로 여러 해를 살다보니 광고의 본질에 대해 조금씩 알게 되고 자연스레 환상 또한 조금씩 사라지고 있음을 느낀다. 겉보기에는 화려하고 사람들 앞에 서면 빛나 보일 수도 있지만 사실은 그렇지 않을 수도 있는, 우화 '벌거벗은 임금님'처럼 말이다.

이 책이 광고의 화려함보다 진실함을 알고 싶은 이들에게 광고의 알몸을 조금이나마 보게 해주지 않을까 기대한다. 물론 이 책의 내용이 모든 광고인의 일반적인 경험은 아닐 것이다. 여러 번 밝히겠지만 그저 광고인의 한 사람으로서 느낀 주관적 경험들도 많다. 의미 있게 볼 부분들만 도움이 되길 바라며 아닐 것 같은 이야기는 참고만 해주면 좋겠다. 그럼 광고와 광고인에 대한 이야기를 시작할까 한다. 여러 가지 질문과 인터뷰로 정리된 책이기에 벌써 벌거벗은 광고인이 된 기분이다. 하지만 오늘도 뜨겁게 광고인을 꿈꾸는 이들을 떠올리며 부끄럽고 부족하지만 이 책을 바친다.

2015년 어느 가을날
크리에이티브마스 이 구 익 CD

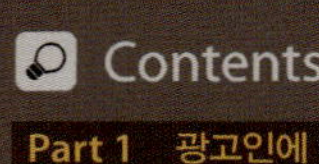

Contents

Part 1

광고인에 대해 알고 싶은 것들

Part 2

광고인이 되기 위한 모든 것

Part 3

Part 4

광고회사에 대한 오해와 진실

광고인으로 산다는 것

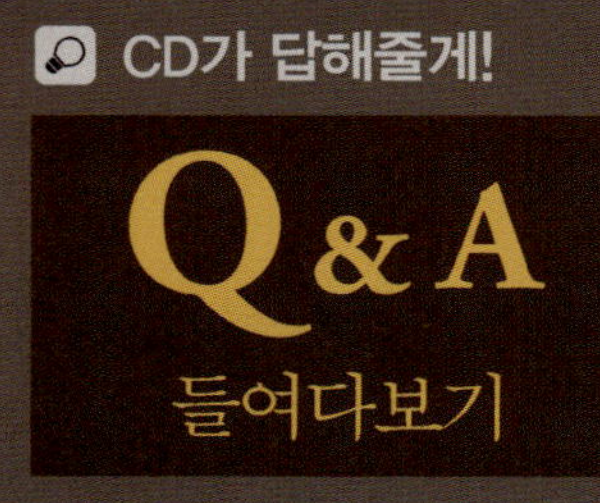

광고인은 어떤
사람을
말하는 건가요?

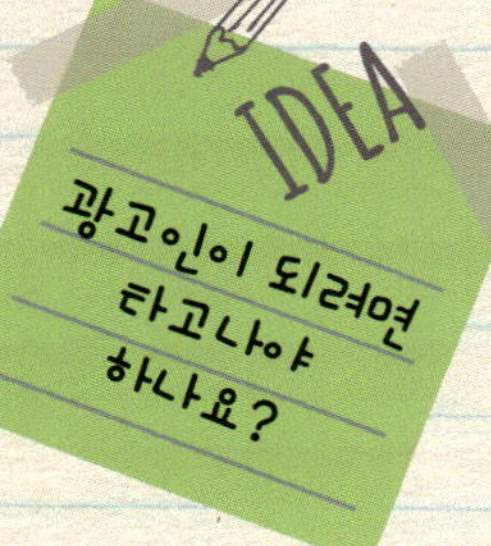

CD는 무슨 역할이고
어떻게 준비하면 되죠?

어떤 스펙을 쌓아야
광고인이 되기에
유리한가요?

광고를 소재로 한 드라마는
현실과 어떤 차이가 있나요?

광고회사의
정년은
언제까지인가요?

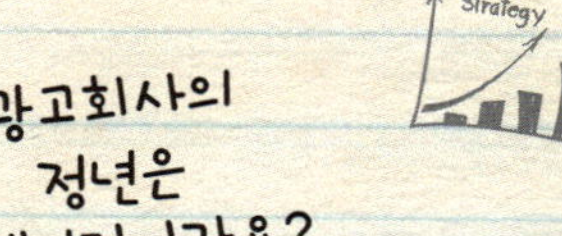

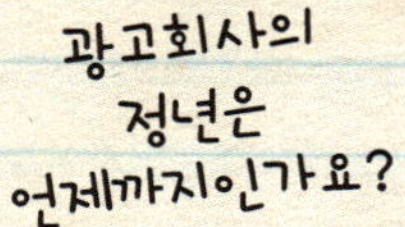

광고회사의
경쟁 P.T는
무엇인가요?

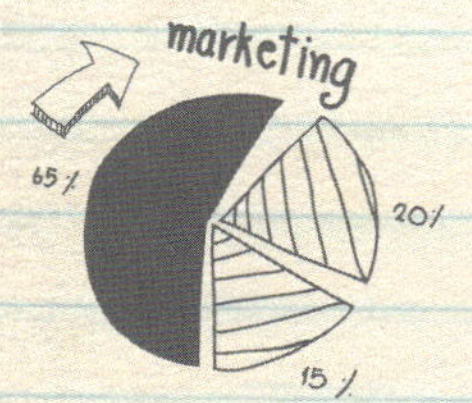

광고에 대한 정보는 어디에서 얻을 수 있나요?

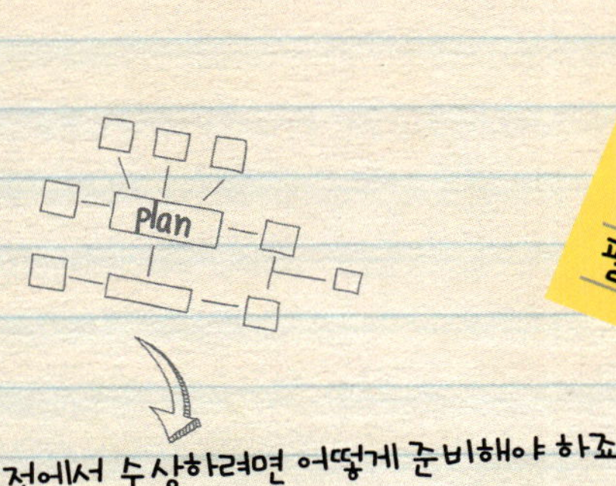

공 모전에서 수상하려면 어떻게 준비해야 하죠?

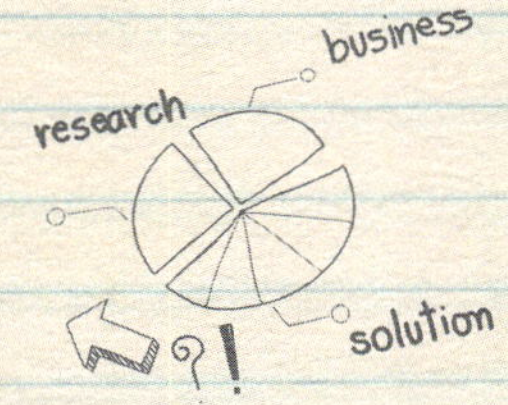

청소년 때 쌓아야 하는
기본적은 소양은
무엇이 입나요?

기획력을 높이는 방법은
무엇인가요?

남녀의
광고회사 생활에
차이점이 입나요?

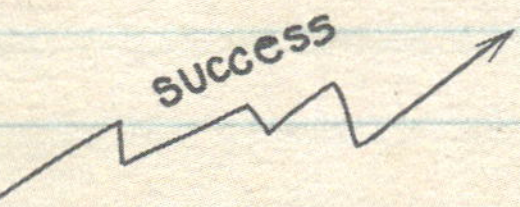

신입이 가장 많이 하는 실수는 무엇인가요?

광고인으로서 경력 관리는 어떻게 해야 하나요?

광고인은 매일 야근을 한다는데 사실인가요?

웰컴~

1

광고인에 대해 알고 싶은 것들

알면 알수록
호기심만 커지는 직업

광고인들은 상상 속 동물일까? 아니다. 다만 과도한 업무와 야근으로 주위에서 흔히 볼 수 없을 뿐이다. 그래서인지 광고인이라고 하면 주변에서 더 신기해하는지도 모르겠다. 본의 아니게 광고인은 야근으로 인해 신비주의에 갇혀버리게 된 것이라 생각한다. 겉으로 보기에는 멋지고 화려해 보이는 직업 그리고 주변에서 흔히 볼 수 없는 사람들이기 때문에 오해하기 쉽다. 사람들은 완성된 광고만을 보고 우리의 직업이 화려하다 말한다. 하지만 우리는 광고를 만드는 과정 속에서 충분한 스트레스와 매번 새로운 어려움에 봉착한다. 그로 인해 인간관계는 매우 좁아지며 가족에게 소홀해지고 자신을 돌아볼 여력도 별로 없다. 변명은 아니지만 나 역시도 광고인이 된 후로는 많은 업무에 찌들어 있어서 평일은 약속을 잡아도 번번이 못 가게 되거나 한참 늦은 후에 참석해 핀잔을 듣곤 했다. 그럼에도 불구하고 가끔 모임에 나가면 옷차림이 캐주얼이고 외모를 꾸미는 것에 제약이 없기 때문에 일반 회사원보다 자유로워 보여 부러움을 사기도 한다. 하지만 그 모습이 인상에 남아서인지 가끔 본 사람들은 쟤는 광고인이라 재밌게 일한다느니, 항상 바쁘다느니, 연예인을 자주 본다느니, 오랜만이지만 보기 좋다느니 하는 평가를 듣곤 한다.

사실 나도 광고인을 동경하던 때가 있었다. 고등학교 때는 TV나 라디오에 나와서 삶의 철학을 논하는 멋진 카피라이터 선배님들처럼 되기를 바랐었고, 잡지 인터뷰나 신문기사 그리고 책을 통해서 만난 광고인들의 이야기를 읽고 그들을 무척이나 동경했었다. 특히 대학생이 되고 나서는 더욱 그랬다. 마치 소녀 팬들이 남성 아이돌 그룹을 따라다니듯 광고인을 동경했고, 광고인이 되는 것이 삶의 목표이자 꿈이었다. 그렇게 시간이 흘러 광고인이 되었다.

이젠 때때로 블로그나 이메일을 통해 외려 내게 질문을 하는 예비 광고인들이 많아졌다. '주변에 광고인이 없어서 실례지만 이메일이나 쪽지를 보냅니다' 하고 말이다. 면접 때도 받아보지 못한 다양한 질문을 받으며 답변을 고민하기도 하는데, 그 안에는 연봉에 관한 질문도 있고 평균 근무 시간에 대한 우려도 있다. 그리고 좋은 광고인이 되기 위한 노하우라든가 광고일을 하기 위해서는 어떤 전공을 선택해야 하는지, 무엇을 준비해야 하는지, 어떤 소양을 길러야 하는지 등 궁금증이 빼곡히 적혀 있다. 나는 질문들에 최대한 성심성의껏 답해주려 애쓴다. 실례를 무릅쓰고 보낸 질문이기도 하고 절박함이 보이기도 하고 어쩌면 과거의 내가 보낸 이메일처럼 느껴지기 때문이다. 열심히 답변을 해줘도 고맙다는 답은 절반 정도지만 도움이 될 수 있다면 기꺼이 몇 번이라도 답변을 보내줘야 한다고 생각했다.

그동안 받았던 대부분의 공통적인 질문은 이러했다. 광고인은 어떤 사람인지, 과연 타고나야 할 수 있는 일인지, 광고인이 되려면 어떻게 해야 하는지, 광고회사의 종류와 특징은 무엇인지였다. 질문하는 눈빛이나 내용을 보면 그 안에 광고인을 얼마나 동경 하는지, 광고일을 얼마나 하고 싶어서 묻는지가 그대로 보였다. 광고는 언제 어디서나 볼 수 있는 반면에 광고를 만드는 광고인들은 주변에서 흔히 볼 수 없기 때문에 광고인들에 대한 호기심은 날이 갈수록 높아지는 것인지도 모르겠다. 광고인들은 잠깐 세상으로 나온다. 그리고 그때는 가장 잘 준비된 모습으로 전문가다운 면모를 보인다. 직업 자체가 잘 만들고 꾸며서 보여주는 일이기 때문인지도 모를 일이다. 그래서 난 이 책을 통해 광고인에 대한 호기심의 많은 부분을 들춰내어 보여주고 궁금증을 해소시켜주고 싶다.

광고인은 어떤 사람을 말하는 건가요?

광고인이란 쉽게 표현하면 광고회사에서 광고를 만드는 사람을 뜻한다. 광고는 크게 오프라인광고라 불리는 TV광고, 라디오광고, 신문과 잡지 광고를 말하며, 전통적으로 이를 4대 매체라고 한다. 흔히 ATL(Above The Line)이라 불렸으나 현재는 디지털 마케팅, 온라인광고 영역이 크게 각광받으며 비중이 커지고 있다. 디지털 디바이스인 PC와 스마트폰 등의 발달로 인해 광고매체비는 이미 TV광고비를 넘어섰으며 더불어 옥외광고, 디지털 사이니지 등의 광고가 발달했다. 과거에는 이 매체들을 BTL(Below The Line)이라 불렸지만 현재는 온라인광고가 발달하면서 이 매체들을 포함한 전체를 광고라 부른다. 특히 스마트폰의 영향으로 이전에는 영상이 TV를 위한 것이었다면 현재는 유투브, 페이스북 등 SNS 채널을 위한 바이럴 영상으로 많이 제작되고 있다. 이처럼 요즘에는 광고의 형태, 길이 등이 바뀌고 있으며 다양한 시도가 펼쳐지고 있다. 때문에 광고인은 예술가적인 평가를 받았던 때에 비해 전문성과 마케팅적인 역량을 필요로 하게 되었다. 광고매체는 더욱 효과 위주의 측정이 가능해지게 되었고, 소비자들에게 일방적으로 선보이는 것이 아닌 체험을 유도하는 광고로 진화하고 있다. 매출의 증대가 용이해지도록 샘플, 할인쿠폰 등이 실시간 소비자에게 전달되고 있고 이를 통한 교환율과 제품 판매율이 즉각적으로 광고주에게 확인되는 시대인 것이다.

광고인은 이런 시대 흐름에 맞춰 가장 효과적인 마케팅과 크리에이티브를 고민하는 사람이다. 모든 과정은 광고주의 컨펌을 통해서 이뤄지며 협의된 전략과 아이디어를 통해 실행되는데, 이때 광고인은 예산을 받아 이를 실행한다. 따라서 그 결과에 대해 책임을 져야 하는 사람이기 때문에 더욱 전문적이어야 하며, 실력으로 인정받고 평가받는다. 그래서 야근을 하고 때론 휴일에 일하기도 하며 아이디어로 밤을 지새우기도 한다. 하지만 그 과정에서 즐거움을 찾고 결과에서 만족을 얻는다. 생각지 못한 어려움을 겪기도 하고 생각지 못한 방법으로 이를 해결하기도 한다. 막막함에 사로잡히거나 두려움에 갇히기도 하지만 이를 직면하고 해결할 때의 보람을 사랑하기도 한다.

광고를 만드는 것은 어렵고 힘든 일이다. 하지만 그 과정을 거쳐야만 소비자들에게 아름답고 멋지며, 감동적인 것을 전달할 수 있다. 그래서 광고인은 잘 참고 잘 견디고 늘 고민해야 한다. 그 과정을 즐길 줄 아는 사람이라면 더욱 좋다. 모든 것에 정해진 답은 없다. 하나의 광고를 만드는 여정에서 낙오하는 사람도 있고 영웅이 되는 사람도 있다.

기본적으로 마케팅 지식이 있어야 하고 표현에 있어 예술적인 감성이 필요하다. 광고를 만드는 일은 매번 새롭고 아주 어려운 일이다. 최상의 결과를 만들기 위한 노력은 당연한 것이기 때문이다. 광고인은 늘 혼란 속에서 질서를 찾고 문제 속에서 답을 발견해나가며, 정체 속에서 해결책을 제시하고 완벽하게 다듬어간다. 그렇기에 불규칙한 생활이 일상이 되기도 하고, 그로 인해 불안해하며 때론 즐기기도 한다.

한마디로 광고인을 정의할 수는 없다. 좋은 광고인이 되는 길은 험난하고, 멋진 광고인이 되기 위해서는 부단한 노력을 계속해야 한다. 이것이 광고인이다.

광고인이 되려면
타고나야 하나요?

흔히 광고인을 타고난 재능이 있어야 한다고 생각한다. 틀린 말은 아니다. 어느 분야에서건 타고난 사람은 있기 마련이고 그런 사람들은 아주 쉽고 빠르게 전문가의 길로 접어들 수 있기 때문이다. 하지만 수많은 광고인이 모두 타고났기 때문에 광고를 하고 있는 것은 아니다. 광고인이 하는 많은 직무 중에서 '어떤 능력이 탁월한지'에 따라서 그것이 타고난 것인지 아닌지 말할 수 있기 때문이다. 실제로 작은 규모의 광고회사는 직무를 떠나 그 사람에게 타고난 재능을 끌어내어 멀티플레이를 할 수 있게 열어둔다. 그리고 큰 규모의 광고회사는 다양한 평가 등을 통해서 직원의 재능에 맞는 부서로 재배치해주기도 하고 직무를 변경할 수 있도록 도와주기도 한다. 이렇듯 광고회사의 직무는 상황에 따라 변경이 가능하므로 자신이 가장 잘할 수 있는 일에 맞는 역할을 찾으면 된다.

기본적으로 광고를 기획하고 제작하는 일이 대부분이기에 광고인의 타고난 재능은 환영받을 일이다. 신입사원의 경우 광고회사에 들어오면 여러 가지 일을 시켜본 후에 잘하는 부분을 발전시켜주고 능력에 맞는 부서로 배치시키기도 한다. 프로의식을 가진 사람은 자신이 좋아하는 일에 흥미를 갖기 마련이고 마침내 잘할 수 있을 때까지

더욱 노력한다. 광고에서 재능보다 더 중요한 것이 후천적인 노력이라 생각한다. 과거에는 매체가 고정적이었고 표현의 한계가 있었기 때문에 오히려 광고인 개인의 재능이 빛을 발할 수 있었다. 하지만 현시대는 자고 일어나면 새로운 광고매체와 서비스들이 개발되어 있다. 조금만 손을 놓고 있어도 광고의 트렌드는 변할 수 있으며 금방 도태되기 십상이다. 따라서 광고인은 후천적인 노력에 의해서 완성될 수 있다.

또한 광고인의 기본 소양으로는 다양한 지식이 필수라는 점이다. 한 가지를 깊이 있게 알면 그 분야의 장인이 되지만 광고에 있어서 장인은 자신의 맡은 영역에서의 깊이 있는 전문성 이외에 수많은 배경지식이 접목되어야 한다. 광고회사만 하더라도 다양한 사람들이 각자의 전문성을 바탕으로 일하고 있다. 광고주와 소통하고 광고전략의 전반을 책임지며 이를 통해 스케줄과 예산을 집행하는 광고기획자, 소비자에게 가장 효과적인 크리에이티브를 제작하는 광고제작자, 완성된 광고를 어디에 어떻게 노출하느냐를 분석하고 이를 기획하는 매체기획자 등 한 분야만 알아서는 광고의 전반적인 부분을 이해하기 어려우며 더불어 일하기도 힘들다.

광고인이 되기 위해서는 자신이 어떤 강점이 있는지를 파악하고 그에 걸맞은 직무를 택하는 것이 중요하다. 그 이후 부단한 자기 노력과 배움 그리고 인내와 경험치를 통해서 자신의 전문성을 강화시켜나가면 된다. 자신의 강점을 잘 발견하고 끊임없이 노력한다면 꿈꾸던 광고인이 될 수 있다고 믿는다. 광고에 대해 많이 알고 이해할수록 광고인을 향한 첫걸음이 단단해질 것이다.

광고인이 되는
방법은 무엇인가요?

누구든 처음부터 프로가 될 수는 없다. 챔피언도 처음에는 다 신인이었듯 수많은 경험과 지식을 체득하고 크고 작은 실패와 성공을 통해 서서히 프로가 되는 것이다. 광고업계에 첫발을 내딛는 때는 모두가 신인이다. 대학교에서 광고 관련 공부를 하고 책에서 광고에 관한 지식을 얻었다고 해도 대부분 광고회사의 실무에 대해서는 모르는 상태이기에 처음부터 다시 배운다는 생각으로 일하곤 한다.

광고인이 되기는 어렵지만 광고인이 되는 방법은 여러 가지가 있다. 우선 광고인을 목표로 두고 자신이 광고에 적합한 사람인지 그리고 열정을 가지고 이 일을 할 수 있는지 체크하는 것이 좋다. 단지 광고가 좋아서, 멋있어 보여서, 수입이 좋을 것 같아서라는 이유로 시작했다가 생각과는 달라 상처만 받고 마무리할 수도 있기 때문이다. 어떤 일이든 다양한 조사와 더불어 자기 자신 안에서 먼저 답을 찾아야 준비된 자세라 할 수 있다.

그다음 광고가 무엇이고 광고인과 광고회사는 무슨 일을 하는지 전반적으로 알아보자. 온라인 검색을 통해서나 광고 관련 책을 통해서 그리고 각종 광고 사이트를 통해서 광고에 대한 전반적인 것을 자신만의 관점에서 조사해보는 것이 중요하다. 용기를 내 지인 혹은 SNS를 통해 광고인과 만나거나 질문을 해보는 것도 괜찮을 것이다(답이 오지 않는다고 해도 괜찮다. 스스로가 간절하다면 늘 적극적이어야 할 것이다). 그렇게 조금이라도 알게 된 광고와 광고인을 기반으로 자신의 진로를 고민해보면 좋다.

광고인이 되는 실질적인 방법은 원하는 광고회사의 인턴십을 지원하는 것이다. 인턴을 지원해 다양한 일을 어깨너머로 배우면서 광고에 대해서 알아가고 또한 자신이 이 회사의 일원으로 함께 하는 것이 회사에 얼마나 도움이 되는지를 증명해 보여야 한다. 어느 회사든 마찬가지지만 특히 광고회사는 늘 적은 인력으로 최대의 효율을 내고자 하기 때문에 큰 규모의 회사가 아니고서야 공채가 드물고 그때그때 필요한 인원에 대해서 충원을 한다. 그러므로 먼저 원하는 광고회사와 인턴을 통해 인연을 맺고 광고인 선배들에게 배우고 때로 검증을 받으면서 신입사원 채용의 기회가 있을 때 잡는 것이 가장 바람직하다. 이렇게 인턴부터 시작한 친구들에게 회사는 조금 더 열린 마음으로 많은 것을 알려주고 첫 인연을 맺은 곳이므로 나중의 처우가 더 좋아지기 쉽다. 그러나 안타깝게도 큰 규모의 이름난 광고회사일수록 실제로 신입사원을 채용하는 경우가 매우 드문 것이 사실이며, 명성이 높은 회사일수록 잘 훈련되고 경험과 재능이 검증된 경력직을 선호하기 때문에 신입사원 채용의 기회가 많지 않다.

또한 인턴십의 경쟁마저도 치열하기 때문에 이를 위한 준비도 필요하다. 큰 규모의 광고회사 인턴이 되는 가장 좋은 방법은 그 회사에서 진행하는 광고공모전에서 수상하는 것이다. 상금 이외에도 인턴 기회를 부여하는 경우가 많으며 인턴십의 기회가 없다 하더라도, 수상 이력을 광고회사들은 높이 산다. 공모전의 수상은 이미 광고에 대한 열정과 자신의 준비된 상태를 어느 정도 증명해 보이는 객관적인 자료가 되기 때문이다. 광고회사는 항상 프로를 원한다. 그렇기 때문에 아마추어적으로 준비된 것을 프로 다운 이력으로 바꾼다면 학벌과 학력, 스펙이 어떻게 되더라도 부딪쳐볼 만하다. 주변에서도 공모전 이력만으로 자신의 가치를 증명해 보여서 인턴을 거쳐 신입사원이 된 사례가 많다.

인턴부터 기회가 주어지지 않았다면 또 다른 방법은 큰 규모나 혹은 괜찮은 광고회사의 신입사원을 모집하는 공개채용을 노리는 것이다. 스스로가 광고인으로서 소양을 키우며 부족함 없이 다방면에 준비가 되어 있는 상태라면 광고회사가 좁은 문은 아닐 것이다. 신입사원을 놓고 인사담당자들이 중점적으로 보는 것은 우선 뛰어난 자질이다. 같은 기회비용이면 더 나은 교육과 경험과 능력을 갖춘 사람을 선호하는 것이 보통이기 때문에 객관적으로 자신의 경쟁력을 키워놓는 것은 무척 중요하다. 그러나 소위 스펙을 잘 쌓았다고 해도 광고회사에 채용이 안 되는 경우가 많다. 이는 광고회사에 적합한 인재가 아닌 경우다. 학벌과 토익점수가 좋다고 해서 광고를 잘 만들 수 있는 있는 인재인가는 또 다른 문제이기 때문이다. 그래서 광고의 기획력이나 창의력, 문제해결능력을 다각적으로 살펴보고 검증하기 위해서 시험을 보는 경우가 있다. 정해진 시간에 순발력 있게 문제를 해석하고 자신만의 방법으로 풀어낼 수 있는가를 보는 것이다. 이는 늘 시간에 쫓기고 바빠 정신없는 광고인의 일상에서 이를 즐기고 해결해 나갈 수 있는 가능성이 있는지 가늠해보는 것일 수 있다.

또한 광고회사에 신입사원으로 취업하기에 좋은 방법은 광고회사에 대해서 잘 파악하고 있거나 그런 인맥을 가지고 있는 것이다. 왜냐하면 광고회사는 이직률이 높은 편이라 수시채용이 많기 때문이다. 이러한 불특정한 채용 때문에 그 채용 정보를 먼저 아는 사람이 유리한데, 이는 보통 인맥을 통해서 정보를 얻는 경우가 많다. 따라서 광고회사에 다니는 선배를 많이 알고 있거나 광고인을 많이 배출한 기관이나 관련 동아리 활동이 중요하다.

끝으로 경력직으로 광고회사에 이직을 하는 경우다. 처음부터 메이저급 광고회사에 입사하기 어려운 경우, 작지만 실력 있는 회사에서 광고의 길을 묵묵히 걸어가고 자신의 능력을 키우며 이를 입증하다보면 더 좋은 광고회사로 갈 기회가 반드시 찾아온다. 왜냐하면 광고회사는 필요시 채용과 동시에 바로 일할 수 있는 경력자를 선호하기 때문이다. 광고회사는 사람과 시간이 중요한 자원인데 이를 신입사원 키우는 것에 투자할 만큼의 여력이 충분하지 않다. 그렇기에 명성이 높고 사람들이 관심을 갖는 메이저급 광고회사는 경력직을 선호할 수밖에 없다. 회사가 경력직을 뽑을 때는 일의 숙련도가 높으면서 연봉의 부담이 적은 대리급을 가장 선호하며(그러므로 이직은 최소 1~2년 이상은 쌓아야 함) 혹은 과·차장급 실무자가 완숙한 경력직으로 환영받는다. 그리고 부장급의 경우 업계에서 실력이 증명된 광고인들이 실무 관리자급으로 이직하며 임원급의 경우에는 이미 명성을 쌓은 경우에 좋은 처우로 이직하는 것을 볼 수 있다.

이외에도 다년간의 경력과 노하우를 바탕으로 광고회사를 차려 독립하는 경우가 있으며, 광고회사를 거쳐 쌓은 인프라와 실력 그리고 광고주와의 관계 등을 기반으로 회사를 성장시켜나가 나름의 광고를 만드는 경우가 있다. 어느 직업에서건 그렇겠지만 특히 광고인이 되는 것은 실력과 노력 그리고 의지가 필요하다고 볼 수 있다.

광고회사에는 어떤 종류가 있나요?

광고회사를 크게 세 가지로 분류하면 첫 번째는 대한민국 광고회사의 특징이라고 할 수 있는 계열 광고회사다. 인하우스 에이전시(In-house Agency)라고도 하며 대기업에 속해 있는 광고회사를 의미한다. 삼성그룹의 제일기획, 현대그룹의 이노션, SK그룹의 SK플래닛, 두산그룹의 오리콤이 대표적인 예다. 계열 광고회사의 장점은 모회사의 브랜드나 제품에 대해서 더 전문성을 가지고 광고를 수행할 수 있으며 광고주와의 호흡이 더욱 긴밀하단 것이다. 하지만 광고기획과 제작의 능력으로 광고를 수주하기 위한 경쟁에서 능력이 도태될 수 있으며 광고산업의 페어플레이를 흐린다는 점이 단점으로 지적되기도 한다. 그룹사 내부의 물량을 밀어주게 되면 중소 규모의 광고회사들에게 돌아가는 기회가 줄어들기 때문이다.

두 번째는 외국계 광고회사다. 이들은 세계적으로 유명한 광고회사가 한국 광고시장에 진출한 것을 의미한다. 본사는 외국에 있으며 본사에서 광고계약을 맺은 글로벌 브랜드가 있다면 다른 나라의 지사에서도 해당 국가의 광고회사와 일하도록 계약을 맺고 일하는 경우가 많다. 또 국내 광고회사 중 괜찮은 곳을 인수하고 합병해 한국 광고시장에 성공적으로 진출하는 방식도 많다. 장점으로는 외국계 브랜드에 대한 본사와의 네트워크를 통해 로컬광고를 집행할 때에도 일관된 정책의 서비스를 하기에 용이하다는 것이며, 또한 영어로 소통해야 하는 외국계 브랜드에 언어의 장벽 없이 소통할 수 있도록 서비스가 가능한 것도 장점으로 작용한다. 하지만 이 역시 해외 유명 광고회사가 자본을 바탕으로 한국에 광고회사를 설립하는 경우가 많으므로 토종 광고회사들과의 치열한 경쟁을 피할 수 없으며, 한국 지사의 경쟁력이 부족한 경우 고군분투하다가 철수하는 경우도 더러 있다.

마지막으로 인하우스 에이전시도 외국계도 아닌 독립광고회사가 있다. 독립광고회사는 대기업에 속해 있지 않으므로 순수 실력으로 생존해야 하며 독자적으로 광고를 수주해 이를 집행하는 회사를 말한다. 살아남기 위해서 그만큼 실력으로 무장되어야 하기 때문에 독립광고회사들 중에는 특색과 실력을 갖춘 회사들이 많다. 그러나 어느 것에도 기댈 수 없고 오로지 실력으로 무한경쟁 속에서 치열하게 살아남아야 한다는 생존의 불안함이 공존한다. 늘 최선을 다하더라도 결과적으로 잘해야 살아남는 광고업계 특성상 지속적인 노력이 필요한 것이 특징이다. 독립광고회사의 장점은 대기업 계열사 혹은 외국계 글로벌 본사에서의 지침이나 경영에서 자유롭다는 것이다. 따라서 작지만 효율적이고 그 회사만의 고유한 문화가 있으며 보다 인간적이며 즐겁게 일하는 회사들을 볼 수 있다. 지속적으로 회사가 유지되고 발전할 수 있는 영업력과 실력만 갖춰져 있다면 생각보다 저예산 창업으로도 금방 성장할 수 있는 것이 광고업의 특징이기도 하다. 저마다의 장단점이 있기에 무엇이 딱히 좋다고 볼 수는 없지만 이러한 특징을 잘 알고 있다면 본인이 희망하는, 잘 맞는 광고회사를 선택해 일할 수 있을 것이다.

덧붙여 광고회사와 맞닿아 있지만 광고회사는 아닌 직업군이 있다. 바로 프로덕션이다. 프로덕션은 광고회사에서 수립한 광고기획과 크리에이티브에 대한 방향성을 기반으로 영상제작에 필요한 부분을 담당하는 회사를 말한다. 이 일을 위해 PD가 중추적으로 준비하며 감독은 스태프를 구성하고 모든 촬영을 리딩한다. 프로덕션을 통해서 진행되는 영상제작은 사전 기획단계를 비롯해 스태프 선정, 모델 섭외, 로케이션을 정하는 등 촬영을 위한 모든 작업을 말한다. 이를 프리 프로덕션(Pre-Production)이라 하며 광고회사와 아이디어 단계부터 공동작업이 이루어진다. 모든 것이 결정된 상태에서는 PPM(Pre-Production Meeting)을 하게 되는데 기획, 구성, 세부 시나리오, 연출에 대한 계획이 담겨 있는 사전 미팅을 말한다. 이를 기반으로 모든 준비가 이뤄진 후 촬영이 시작되고 촬영이 끝나면 후반작업(Post-Production)이 시작된다. 촬영된 영상 소스를 편집하고 이에 색 보정, 음향, 2D(타이틀이나 카피, 일러스트 등 삽입) 작업을 해 영상작업을 완료하는 것이다. 과거 광고회사 혹은 현재 일부 광고회사에서 프로덕션의 역할을 이어주는 PD 직무가 있었다. 이들이 영상팀으로 존재하는 경우도 있으나 프로덕션에 전문성을 기반으로 별도의 회사로 함께 일하는 경우가 대부분이다.

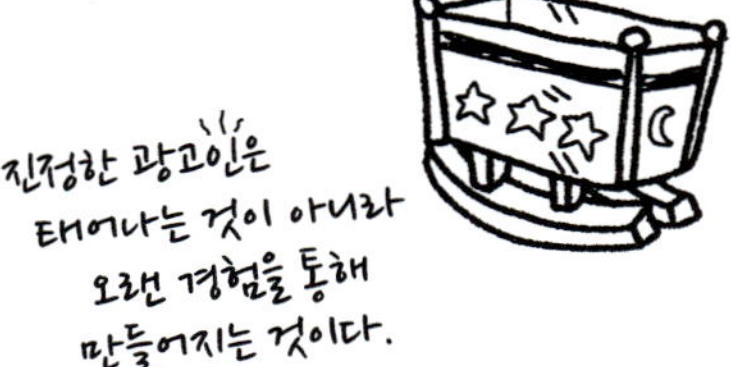

광고회사의
가지각색 직무 소개

광고는 혼자서 절대 할 수 없는 작업이다. 그렇기 때문에 광고회사에서는 다양한 직무가 조화를 이루며 함께 일한다. 전략과 콘셉트, 아이디어와 메시지, 비주얼과 영상, 기술과 소통 등 광고를 만드는 일은 정해진 시간 안에 여럿이 함께 답을 찾아가고 집요하게 완성해나가는 과정이다. 광고회사에서는 가지각색의 직무가 모여 하나의 광고를 만들기 때문에 같은 광고회사에 다니더라도 어떤 역할인가에 따라 하는 일이 각각 나누어져 있다.

언젠가 중학교 은사님의 부름에 만나뵌 적이 있다. 요즘 중학교에서는 다양한 직업을 소개하고 적성을 찾아주기 위해서 각 분야의 전문가를 초청해 직업에 관한 특강을 진행한다는 것이었다. 세상에 무수히 많은 직업이 있지만 그중에서도 광고인에 대해 학생들의 관심이 많다며 내게 광고인으로서 강의를 해주길 부탁하셨다. 대학생을 가르치는 일만 주로 해왔던 나로서는 중학생을 대상으로 한 특강은 처음이라 긴장이 되었던 것도 사실이다. 그러나 막상 강의를 시작하니 화려하고, 재미있고, 감동을 주는 광고에 학생들의 눈동자에는 기대감이 서려 있었고, 광고모델인 연예인들이 보일 때마다 환호하며 좋아하는 모습을 보니 막연히 광고인을 꿈꾸던 예전이 떠올랐다. 30분간의 강의가 끝나자 질문이 쏟아졌다. 누구 할 것 없이 "광고인이 되려면 어떻게 해야 하죠?"라고 물었다. 사실 학생들뿐 아니라 대부분 광고인을 꿈꾸는 사람들도 광고인의 직무에 대해서 잘 모르고 있기 때문에 한 사람의 광고인이 모든 것을 다 만드는 것처럼 생각하기도 한다. 그래서 짧게나마 학생들의 질문에 답하며 광고인의 직무에 대해 설명했고, 그 이야기를 듣던 학생들은 고개를 끄덕이며 호감이 있는 직무에 대해서 좀 더 적극적인 질문을 이어갔다.

광고와 광고인에 대해 A부터 Z까지 자세히 알 수 있는 정보가 있다면 꿈을 이루기 위한 오차범위를 줄이며 더 현실적인 노력을 하는 데 도움이 될 것이다. 그것은 비단 중학생뿐만 아니라 고등학생에게도, 대학생에게도 그리고 늦게나마 광고인의 꿈을 꾸는 취업준비생에게도 마찬가지일 것이다.

아는 만큼 더 분명하게 자신의 길을 준비할 수 있다. 광고인을 꿈꾸는 중학생들의 사례처럼 막연히 광고를 하고 싶어서 동경하는 것이 아니라 광고회사에는 어떤 직무들이 있는지 분명히 아는 것이 중요하다. 오늘도 광고회사에서 일하는 광고인들은 저마다 자신의 역할을 소화하며 다 함께 광고를 만들어가고 있다. 훌륭한 광고를 만드는 것은 개인이 아니라 결국 팀인 셈이다. 광고회사의 다양한 직무에 대해 제대로 알아야 예비 광고인으서 자신은 무슨 역할을 하고 싶고 지금부터 무엇을 준비해야 하는지 보일 것이다. 그래서 최대한 자세히 다양한 직무를 이해할 수 있도록 정리했다. 여전히 예비 광고인으로서 꿈을 키우는 이들을 보면 과거 카피라이터를 간절히 꿈꿨던 절실함과 분주함이 동시에 떠오른다. 작은 정보일지 모르지만 향후 광고인으로의 첫발을 내디딜 수 있는 나침반 같은 이야기가 될 수 있다면 좋겠다.

광고회사의 조직 구성은
어떻게 되어 있나요?

광고대행사는 크게 부서별과 그룹별 조직 형태로 나눈다. 부서별 조직은 업무의 성격에 따라 조직을 구성한 것이다. 예를 들어 광고주와 소통하며 광고주에게 필요한 서비스를 제공하는 광고기획자(AE, Account Executive)가 속한 광고기획부, 카피·아트·제작 등을 담당하는 광고제작부, 매체기획 및 집행을 담당하는 매체부, 인사·총무·회계 등을 맡은 경영지원부의 형태로 조직을 구성한다. 부서별 조직은 임원들에 의한 중앙집중식 관리 형태가 대부분이다.

각 광고회사마다 효율성을 위해 다른 형태의 조직 구성으로 일하는 경우도 있다. 그룹별 조직은 광고주별 혹은 제품별로 조직을 구성한다. 즉, 부서별 조직의 광고기획부, 광고제작부 등을 통합해 광고주나 제품별로 부서를 조직한 것이다. 예를 들면 1팀은 가전제품팀, 2팀은 소비재팀, 3팀은 국제광고팀 등이다. 그룹별 조직은 부서별 조직에 비해 권한이 분산된 형태이다. 그러나 형태가 어떻게 되든지 광고대행사는 기본적으로 기획, 제작, 매체, 경영관리 등의 분야로 나누어진다. 이 분야들이 서로 유기적으로 연결되어 협조해야만 광고대행사의 효율적인 업무가 가능하다.

광고기획부

- 광고주와 광고대행사 간의 연결 및 조정

- 새로운 광고주 개발 및 광고전략 수립

- 제작, 매체부와의 지속적인 커뮤니케이션 → 효과적인 광고 창출

광고제작부

- 카피라이터, 디자이너, 크리에이티브 디렉터(모든 광고제작물을 총괄하는 책임자)로 구성

- 광고기획부에서 수립한 광고전략에 따라 아이디어 구상 → 크리에이티브로 발전

- 영상광고를 제작하는 프로덕션과 긴밀한 호흡 유지

매체부

- 목표 시장에 광고메시지를 전달하는 가장 효율적이고 효과적인 매체를 조사, 분석해 추천하고 실제 매체사와 접촉해 광고가 실릴 곳이나 시간을 구매

  ※ 매체부의 광고집행 예산은 광고주로부터 책정되며 광고기획부의 요청과 회의를 통해서 계획되고 집행되는 것이 보통이다. 규모가 작은 광고회사는 매체사와 함께 일하거나 광고기획부에서 대신하기도 한다.

경영지원부

- 광고회사가 회사의 조직으로서 필요한 전반적인 사항들을 관리

- 인력 충원, 입·퇴사자 관리 및 각종 재무 부분 총괄

  ※ 특히 광고주의 비용(입금)문제나 외주 거래처와의 거래 등을 진행하며 직원들의 경조사에 대한 지원이나 복지제도 운영, 회사의 비품 및 사무환경에 대한 관리 등 회사 내 전반적인 부분을 관리한다.

광고회사의 직무와 직급은
어떻게 되나요?

광고회사의 일반적인 직무는 광고를 기획하는 기획자(AE), 광고문안을 작성하는 카피라이터(CW), 광고의 시각적인 부분을 담당하는 디자이너(AD), 광고제작물을 총괄하고 책임지는 크리에이티브 디렉터(CD)가 있다. 이외에도 광고가 집행되는 미디어의 플래닝을 담당하는 미디어 플래너(MP)의 역할도 중요하다.

이처럼 전통적인 개념의 광고회사, 즉 오프라인광고를 제작하는 광고회사의 직무는 다양한 전문성으로 나뉘어져 있으며 하나의 완벽한 광고를 만들기 위해서 협업하는 것이 일반적이다. 추가적으로 온라인광고회사에서는 오프라인광고회사의 직무에 개발자가 포함된다. 온라인광고회사에서 제작한 디지털 마케팅, 광고캠페인은 소비자가 단순히 보는 것을 넘어 참여하고 체험하는 것을 필요로 하기 때문이다. 단순한 온라인 이벤트라도 이를 참여로 이끌기 위한 개발이 필요하며, 소비자 데이터를 수집하고 분석할 수 있는 개발자의 역할이 중요하다.

또 인터랙티브 무비나 디지털 사이니지를 기반으로 소비자와 소통하려면 기술적인 자문과 이것이 실현되기까지의 모든 과정을 지휘할 개발자가 있어야 한다. 광고회사만큼 사람이 하는 일이 전부인 회사도 없다. 모든 것이 사람의 생각과 아이디어 그리고 이를 잘 정리하고 표현하는 컴퓨터(노트북)가 전부다. 따라서 광고회사는 사람의 역할이 무엇보다 중요하며 어떠한 광고를 만드느냐에 따라 이를 수행하는 직무가 다양할 수밖에 없다.

광고회사의 직급 체계는 일반 회사와 크게 다르지 않다. 일반 회사처럼 인턴 → 사원 → 주임 → 대리 → 과장 → 차장 → 부장 → 이사 → 상무 → 전무 → 부사장 → 사장 순의 흐름이지만 회사의 방침과 문화에 따라서 다르게 적용된다. 가령 대기업 인하우스 에이전시 혹은 외국계 광고회사에서는 주임과 과장 직급이 없다. 사원으로서 보내는 시간이 길고 대리로서 일하는 시기가 길다. 차장이 되는 것은 기나긴 대리 시절을 보낸 후인 경우가 많다. 하지만 중소기업 수준의 광고회사는 주임과 과장 직급이 있으며 진급이 조금 더 빨리 이뤄지기도 한다.

때로는 직급이 없는 회사도 있다. 호칭으로 영어 이름을 부르거나 ○○님 이라는 호칭법을 적용해 상하관계를 없애고 수평조직으로서 장점을 가져가려는 경우가 그러하다. 하지만 광고업의 특성상 도제식으로 교육이 이뤄지는 경우가 많고 연차에 맞게 실력이 발휘되거나 책임이 부여되는 경우가 많아 호칭은 수평적일지 모르나 일하는 방식은 수직적인 경우가 대부분이다. 승진 또한 성과 위주로 인사고과가 반영되어 진행되는 경우가 많고 팀원과 팀장으로 실무자의 구분이 크게 나누어지며 그 위로는 임원인 경우가 많다.

직급의 경우 연차가 쌓이고 실력도 쌓이면 순차적으로 오르는 것이 보통이다. 하지만 직책은 좀 다르다. 일해온 시간도 시간이지만 이 일을 정말 잘하고 성과를 낼 수 있는 사람인지가 중요하다. 이를테면 과장, 차장, 부장은 직급으로 불리는 것이지만 팀장은 선택된 소수의 관리자만 역할을 할 수 있다.

성과로 말하고 성과가 전부인 광고회사는 열심히 일했는가보다는 잘했는가가 더 중요한 조직이다. 그러므로 경력을 쌓고 실력으로 준비되어 있다면 빠른 승진, 연봉의 상승, 이직에 대한 조건 등에서 우위에 설 수 있다. 일이 고된 편이고 정년도 짧은 광고인들이기 때문에 현역일 때 더 뜨겁고 다이나믹하게 일한다. 모든 직장인의 위로가 그러하듯이 광고인도 어쩌면 연봉과 승진, 더하여 광고를 만들며 느끼는 보람과 재미가 전부라 볼 수 있다.

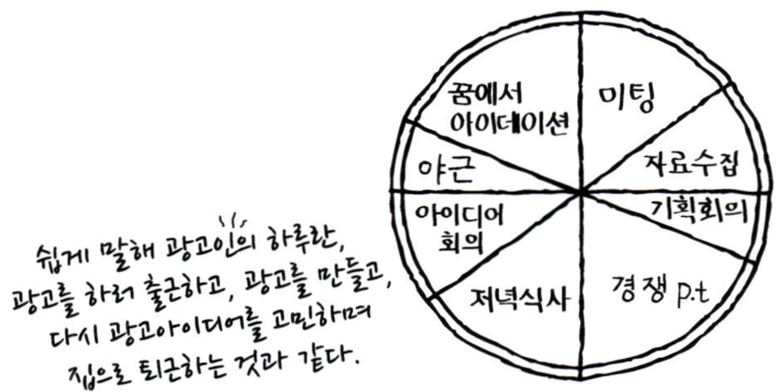

오랜 경력이 쌓이면 하는 일이 달라지나요?

광고회사 업무의 특성상 경력이 쌓이면 전문성은 더 깊어진다. 광고업 역시 전문직이 므로 숙련도에 따라 업무 처리 속도와 방식이 상당히 다르며 더 많은 디테일이 요구된 다. 경력이 쌓이면 우선 직급과 연봉이 높아지는데, 직급 체계는 보통의 회사와 비슷 하지만 광고업의 숙련도와 실력에 따라 더 빠른 승진과 높은 연봉이 뒤따른다. 이후 전문가로서 인정을 받기 시작하고 점차 리더십을 발휘해야 할 위치에 오르게 되며 직 무와는 별도로 직급이 올라가면 중추적인 실무자가 되고, 파트장이나 팀장이 된다.

실무급에서 리더가 되면 팀원들과 호흡을 맞추며 많은 일을 진행해나가야 한다. 특히 광고제작팀에서 카피라이터나 디자이너가 오래 일을 하고 팀장이 되면 모든 제작물 을 총괄하는 크리에이티브 디렉터가 된다. 흔히 'CD'라고 불리는 이 직무는 한 제작 팀의 팀장과 같다. 카피라이터 출신이냐 디자이너 출신이냐에 따라 업무의 특성과 방 식에 차이가 있지만 기본적으로 많은 경험을 바탕으로 리더가 된 만큼 광고를 보는 눈과 판단능력이 탁월하고, 때론 어려운 제작문제를 해결하는 돌파력을 갖추고 있다. 만약 기획일을 하다가 팀장이 되면 전반적인 광고주 관리와 더불어 회사 재무에 직접 적인 영향을 주는 매출 관리, 캠페인 총괄 등 비중 있는 역할을 소화해야 한다. 광고주와 미팅을 통해 신뢰를 얻고 광고의 방향과 과정을 이끌며 결과를 책임진다. 저마다 특성과 개성, 능력이 다르므로 어느 강점을 통해 일하느냐에 따라 팀의 분위기나 색깔이 나타난다.

때로 경력이 쌓이고 직급이 올라가면서 자신의 재능을 다시금 재발견하기도 하고 이를 기반으로 역할이나 일이 달라지기도 한다. 이른바 직무 변경을 통해 더 잘할 수 있는 일을 하는 것이다. 또 광고회사가 하는 다른 사업이나 고유의 사업이 있다면 이를 책임지는 담당자로 변경되기도 한다.

광고일에 종사하는 사람들은 젊고 명석한 때에 광고제작에 힘을 쏟고, 경험이 늘면 책임자가 되어 작업 전반을 관리하는 경우가 많으며, 더 나이가 들면 임원이 되거나 광고회사를 차려 독립하거나 새로운 사업을 하는 것을 볼 수 있다. 결론적으로 광고업은 경험하고 쌓아온 일에 더 깊이 집중할 수 있는 구조이다. 책임자는 아이디어를 내는 일 외에도 수많은 일을 하다가 점차 그 일을 팀원들이 덜어주면 그사이 큰 그림을 그리고, 이를 실행하고 책임지는 역할을 하는 것이다. 그러므로 경력이 쌓이면 광고에 대한 권한이 생기면서 물리적으로는 편해질 수 있겠지만 그만큼 책임은 커지기 때문에 책임자가 되어도 딱히 편해진다거나 무엇인가 대폭 개선되지는 않는다.

제대로 광고일을 하는 사람치고 욕심이 없는 경우도 드물다. 그 욕심은 새로운 시도로 이어지며 그것을 통해 성취감을 맛보거나 좌절하기도 한다. 그리고 결국 광고주의 계속적인 미션 안에서 성장한다. 광고인은 주어진 환경과 시간에서 최대치의 재능을 쏟아내는 사람이다. 그러므로 자기가 원하는 일, 잘할 수 있는 일을 이해하고 준비한 상태에서 시작해야 그것이 나중에 흔들림 없이 멀리 갈 수 있는 경력이 될 것이다.

광고회사의 정년은
언제까지인가요?

광고회사는 정년이 조금 빠른 편이다. 아니 정확히 말하면 정년이 보장되어 있지 않다. 법적인 정년이 있기 때문에 이를 기준으로 정년퇴임을 생각할 수 있지만 광고업의 특성상 광고일을 아주 잘 해내고 능력이 탁월함을 인정받아야 임원이 되어 정년까지 일할 수 있다. 수많은 광고인들 중에서 임원이 되는 경우는 소수이기 때문에 정년퇴임을 한다는 것 자체는 축복에 가까운 일인지도 모른다. 임원이 되지 못하는 한 정년이 보장되는 일을 찾아 이직을 하거나 창업을 하는 경우가 보통이다.

광고회사마다 차이가 있겠으나 기본적으로 노동부에서 권고하는 정년 수준인 60세보다 조금 못 미치는 수준이 광고회사 내규에서 정리된 정년일 것이다. 하지만 광고인을 대상으로 진행한 설문조사 혹은 주변의 생각들과 분위기 등을 미루어 짐작해보면 보통 45세 전후를 광고업의 정년이라 생각하는 경우가 많다. 회사에 기여한 바가 크고 나이와 상관없이 기획력, 제작능력, 아이디어 등이 탁월하다면 더 늘어날 수도 있겠지만 기본적으로 젊은 인력들이 광고업을 이끌어가는 경우가 많고 미디어 환경이나 소비자 혹은 트렌드의 변화에 민감한 광고업의 특성상 정년은 다소 짧아질 수밖에 없다는 것이 현실적인 답이다.

대부분의 광고인들이 정년이 되기 전에 선택하는 이후의 진로들을 보면 광고업에서 쌓은 노하우를 기반으로 광고주로 이직하는 경우가 많다. 기획 쪽의 경우 기업체의 마케팅부서로 가서 광고를 담당하는 광고주가 되고, 제작 쪽의 경우에는 광고주 내부의 제작부서 혹은 카피라이터의 경우 홍보부서로 이직해 경력을 살리는 경우가 많다. 광고회사에서 검증된 노하우를 토대로 조금 더 정년이 보장되는 광고주 쪽으로 이직해 일하는 경우를 가장 이상적인 형태로 꼽는 듯하다. 그 외에 새로운 비즈니스를 위해 창업을 하거나 프랜차이즈를 통한 창업 등도 볼 수 있다. 때론 학교에서 학생들을 지도하는 교수가 되거나 광고산업과 맞닿아 있는 다양한 회사로 이직을 하기도 한다. 예를 들어 프로덕션이나 신생 광고회사의 임원, 매체사 등으로 가서 자신의 인프라를 살려 일하는 경우다.

이러한 상황이다보니 광고인 중에서는 광고인이란 되기도 힘들고, 되어서는 고통스럽고, 정년 보장도 안 되어 있는 불안한 직업이라 표현하기도 한다. 하지만 그만큼 열정을 가지고 자신의 일에 충실하며 전문성을 쌓아가고 보람을 느낄 수 있는 일도 드물 것이라 생각한다. 다양한 아이디어를 기반으로 창의력과 문제해결능력이 키워지는 일이기 때문에 어떤 회사로 이직을 하든 환영받을 수 있는 직업군이기도 하다. 광고제작 쪽은 예술 분야로 전직하는 경우도 있다. 카피라이터의 경우 시인, 소설가, 작가가 되기도 하고 디자이너의 경우 개인 작품을 활발히 작업해 전시회를 열고 작가의 길을 가기도 한다. 광고회사를 다니는 대부분 광고인의 마인드가 현실에 안주하며 안정된 직장의 월급을 받으며 살겠다는 생각과는 조금 거리가 있기 때문에 광고의 업무가 힘들어도 이 일을 계속 해나가는 사람이 많은 편이다.

광고인이 되기 위한
열정과 방법

대한민국은 야경이 아름다운 나라로 유명하다. 왜냐하면 OECD 국가 중 두 번째로 많은 시간을 근무하는 나라기 때문이다. 수많은 사람들이 도시의 불을 밝히며 새벽까지 야근을 하고 있다. 직장생활을 하다보면 일이 많든 직장 상사의 눈치를 보든 야근이 있기 마련이고, 안타깝게도 아직까지 한국 사회에서 야근은 근면성실과 열정이 있음을 대변하는 느낌을 지울 수 없다. 이것이 정말 업무에 몰두하여 시간을 잊으며 성취감을 뜨겁게 맛보기 위한 시간이라 한다면 행복한 일일 것이다. 하지만 본질적인 업무와 관계없는 형식적 야근이라면 얼마나 슬픈 일일까. 그런 의미에서 광고인의 야근은 좀 더 행복해야 할 것이다.

고등학교 때부터 확고해진 나의 꿈은 카피라이터가 되는 것이었다. 하지만 주변에 광고인이 한 사람도 없었던 때라 누군가에게 광고에 대해 물어볼 수만 있다면 얼마나 행복할까 하는 생각을 했었다. 그래서 결국 생각한 것은 동네 도서관으로 가서 '광고'라는 이름이 들어간 책을 모조리 읽는 일이었다. 책의 저자는 다양했다. 어떤 광고인 선배는 카피를 이렇게 쓰라고 말씀해주셨고, 어떤 광고인 선배는 외국계 광고회사를 운영한 창업자였고, 또 어떤 광고인은 카피라이터로서 에세이를 쓴 사람이었다. 이렇게 다양한 사람들의 글을 접하고 나니 막연하게만 생각했던 실체가 조금이나마 느껴지는 기분이었다. 여하간 아무것도 모르는 고등학생이 광고를 배우고 광고에 대한 궁금증을 풀 수 있는 방법은 책 속에 있는 선배 광고인들을 만나는 것뿐이었고, 그 시간이 참 즐거웠다. 그렇게 간접적인 경험들을 쌓을수록 가슴속 광고인이 되겠다는 열망이 커져갔고, 대학 진학을 비롯한 여러 선택의 방향은 모두 광고인이 되는 것에 초점이 맞춰졌다.

대학생 때는 스스로 광고인이 되려는 의지를 테스트하려고 밤낮없이 공모전에 심취해보기도 했고, 광고동아리 활동, 광고특강, 광고프로그램, 광고회사의 인턴 등 작은 기회라도 주어지면 최선을 다해 광고를 경험하려 노력했다. 그러한 절박함이 열정이 되어 광고인의 꿈을 이루는 계기가 되었다. 지금도 야근을 하거나 쉽게 풀리지 않는 일을 만나 힘들 때는 그때의 초심을 생각한다. 실제로 광고인이 되어 겪은 광고의 길은 녹녹지 않았다. 스케줄의 압박, 아이디어에 대한 고민, 광고집행에서의 스트레스, 결과에 대한 부담스러움 등 광고회사는 첫발을 내디디면서부터가 또 다른 시작이었다.

광고는 스케줄이 중요하기 때문에 일정을 맞추고 더 좋은 광고제작을 위해 야근을 달고 산다. 이것을 감당해낼 수 있는 체력과 열정이 있어야 광고인으로서 삶을 이어갈 수 있고 지치지 않을 수 있다. 업무의 특성상 광고주가 야근을 하면 광고회사는 철야를 할 수밖에 없다. 바쁘고 급한 경우에는 밤낮없이 일하느라 퇴근은 항상 뒷전이 되어 야근하는 문화가 만연하게 된다. 세계 어느 곳이든 광고인은 힘들 것이다. 하지만 대한민국에서 광고회사를 다닌다는 것은 더더욱 어려운 일일 수 있다. 광고회사에서 일한다면 열정은 기본이라 생각하며, 광고주에게 어떤 요청이 오건 속히 처리하며 만족을 주어야 한다는 정서가 깔려 있기 때문이다. 모든 것은 광고주로부터 시작되며 광고주로 말미암고 광고주의 결과물로 돌아간다. 대행업이라는 일의 한계일 수 있지만 그것이 대한민국 광고시장에서 일하는 광고인들의 운명이기도 하다.

하지만 광고에는 그만의 매력이 있다. 늘 새로우며 도전적이고 분주하고 즐겁다. 때때로 힘들기도 하지만 초심의 열정만 잘 간직한다면, 피로감과 가끔 찾아오는 슬럼프도 잘 극복해나갈 수 있을 것이다. 어차피 광고인은 평범함을 벗어나야 한다. 평범한 생각, 평범한 일상에 저항하는 것부터 광고인은 그 나름의 열정이 있는 것이니까.

광고에 대한 정보는
어디에서 얻을 수 있나요?

광고회사에 대한 정보는 다양한 채널을 통해 얻을 수 있다. 인맥, 전문 사이트 검색, 전문지 구독, 특정 기관을 통해서 확인하는 방법 등이 있다. 광고업 자체가 업종의 구분이 명확한 개념인 데다 광고 관련 업종도 여러 가지로 파생되어 있기 때문에 제대로 된 정보를 파악해나가기 위해서는 광고업에 대해 잘 이해하는 것이 중요하다.

어느 직종이나 인맥은 중요하다. 광고에 대해 그리고 광고인이 되는 방법에 대해 가장 잘 알고 있는 사람은 현재 그 일을 하고 있는 광고인이다. 광고계가 좁고 광고인의 수가 많지 않기 때문에 주변에 큰 광고회사에 다니는 사람은 그 자체로서 기회다. 그에게는 광고업계에 있는 선후배들이 많아 그들을 통해 전반적인 소식을 접할 수 있다. 또한 경력이 쌓이면 그만큼 알아온 사람들도 많기 마련이며 이직이 잦은 광고회사의 특성상 옛 동료들이 다른 광고회사에 구석구석 퍼져 있는 경우가 많다. 따라서 광고인을 알고 있으면 손쉽게 정보를 얻을 수 있으므로 광고인을 소개받거나 용기가 있다면 적극적으로 이메일이나 연락처를 통해서 먼저 자문을 구해보는 것도 좋은 방법이다. 또 온라인 포털사이트를 통해 검색하면 광고에 대한 다양한 정보를 알 수 있다. 때문에 광고에 관한 정보가 있는 곳을 알아두고 접속해서 두루 살펴보면 좋을 것이다.

사실 정보는 방대하고 막상 올바른 정보인지 모르고 습득할 때가 많은데, 이러한 시행착오를 줄이기 위해서는 광고업에 대해 먼저 알아야 한다. 그러면 자연스레 정보를 분류해서 보는 눈이 생긴다. 이를테면 종합광고회사/온라인광고회사/웹 에이전시/바이럴 마케팅회사/키워드광고회사/프로덕션/미디어렙 등에 대한 기본적 이해가 있어야 한다. 모두 광고라는 광범위한 카테고리 안에 있지만 주로 제작하는 것은 각각 다르다. 요즘은 각 광고 영역의 구분이 많이 사라졌다고 하지만 본질적으로 그 회사를 알려면 회사가 어느 태생이고 무엇을 주로 해온 곳인지를 보면 알 수 있다. 광고회사가 어떠한지 살펴보는 가장 좋은 방법은 회사가 현재까지 무슨 일을 해왔는지 포트폴리오를 확인하는 것이다. 모든 광고회사는 훌륭한 광고를 만들고 싶어 하고 그것을 만들면 널리 알리길 원한다. 상호가 멋지고 거창하지만 회사소개가 보잘것없거나 실제로 만든 광고를 확인할 길이 없다면 아마도 광고회사로서 부족한 면이 있다고 봐도 무방하다.

광고회사의 홈페이지에는 기본적으로 주요 광고주, 최근까지 진행한 광고제작물, 광고 캠페인 등이 소개되어 있으며 국내외 수상경력, 회사의 행사 등이 다채롭게 소개되어 있다. 좋은 나무(광고회사)인지 알 수 있는 것은 열매(광고제작물)를 확인하는 것이다. 여하간 광고회사에 대한 구분이 가능한 정도로 정보력을 갖췄다면 다음과 같은 사이트를 통해 온·오프라인광고회사, 프로덕션, 바이럴 마케팅회사 등의 제작물을 살펴보고 구인광고를 찾아보면 될 것이다.

국내 주요 사이트

• www.ad.co.kr 한국광고총연합회에서 만든 광고정보센터로 광고업계 동향, 채용, 칼럼, 사

레, 뉴스 등을 확인

- www.ditoday.com 온라인마케팅, 광고 전문 잡지인 월간 WEB, 월간 IM 기사 확인

- www.dmcmedia.co.kr 디지털 광고미디어렙 DMC에서 소개하는 온라인광고 정보

- www.tvcf.co.kr 국내 모든 TV광고, 바이럴 영상, 극장 및 케이블 영상 확인

해외 주요 사이트

- www.adsoftheworld.com 세상의 많은 광고를 소개하는 사이트

- www.adweek.com 세계적인 광고회사들의 캠페인을 소개하는 잡지의 온라인사이트

- www.adage.com 다양한 광고사례와 광고인 칼럼, 기사 등을 확인 가능한 사이트

- www.thefwa.com 매일 혹은 일정 기간을 두고 크리에이티브를 소개하는 사이트

뜻이 있는 곳에 길이 있다는 말처럼 스스로가 진정 원하는 것이 광고인의 길이라면 다양한 책을 비롯해 광고회사의 공모전, 아카데미, 관련 도서(잡지), 지속적인 광고 관련 검색 등을 잘 활용하면 된다. 그렇게 집중하다보면 광고인의 길을 찾아가는 데 모자람은 없을 것이다. 적극적으로 자신의 길을 준비하고 열어가는 사람이야말로 광고인이 되기 위한 기본적인 소양을 갖춘 인재이기 때문이다.

신입사원과 경력사원을 선발하는 기준은 무엇이며 어떤 차이가 있나요?

광고회사는 언제나 실력 있는 선수들을 원한다. 그렇기에 신입을 뽑을 때 충분히 인턴 제도를 통해서 자질을 확인한다. 큰 규모의 광고회사는 인턴십을 운영해 그들 간의 경쟁을 통해 각각의 인성과 태도, 실력을 종합적으로 평가하고 그 과정에서 정직원을 선발한다. 그리고 기본적으로 경쟁에서 살아남을 수 있는 사람을 뽑는다. 광고업 자체가 경쟁으로 시작해서 경쟁으로 끝나기 때문이다.

광고주는 늘 실력 있는 광고회사와 일하길 원한다. 그래서 여러 광고회사를 초청해 경쟁 P.T를 치르게 한다. 즉, 여러 광고회사 중 가장 훌륭한 내용을 제시한 쪽에 일을 주는 것이다. 작게는 프로젝트 단위로, 보통은 1년간의 대행을 기본으로 경쟁을 유도한다. 많은 광고회사가 동시에 경쟁하지만 그 회사들 중 선택받는 곳은 단 한 곳뿐이다(가끔 2개 회사를 선정해 일을 맡기기도 하지만 늘 1등인 회사가 주로 큰 것을 도맡는다). 때문에 기본적으로 광고회사는 이런 야생에서 살아남을 수 있는, 경쟁력 있는 인재를 원한다. 혹은 경쟁력 있는 생태계를 유지하고 어울려 일할 수 있는 사람을 뽑는다.

규모와 명성을 갖춘 회사에는 매년 수십, 수백 명의 지원자가 인턴 혹은 신입사원 자리를 놓고 경쟁하지만 작은 규모의 광고회사에서는 소수의 인원을 필요한 때에 상시적으로 채용한다. 어떤 광고회사든 원하는 인재상의 기본은 같다. 경쟁 우위에 있는 사람, 잠재력이 있는 사람, 광고에 대한 열정으로 자기 검증과 객관적 성과들을 스펙으로 제시할 수 있는 사람 등이다.

신입사원을 채용할 때 회사가 기본적으로 제시하는 기준이 있다. 큰 규모의 회사일수록 지원자가 많기 때문에 1차에서는 이른바 스펙을 통해 선발한다. 학벌, 어학점수, 학점, 인턴경력, 공모전 수상경력, 다룰 수 있는 툴, 이색적인 경력, 개성, 기본적인 소양과 인격 등이 종합적으로 평가되는데, 이것이 이력서와 자기소개서에서 1차적으로 걸러진다. 규모가 작은 회사에서는 이에 비해 조금 더 기준이 적다. 하지만 잠재력이나 경험 등에 대해서는 더욱 충실히 따지는 경우가 많다. 1차 서류심사를 통과하면 2차는 별도의 시험이 이뤄지는 경우도 있다. 기본적인 상식이나 창의적인 문제해결을 위한 시험을 보고, 시험이 없는 경우 면접으로 이어진다. 면접은 실무자급과 임원급으로 구분된다. 이후 다양한 질문을 통해 다각도로 지원자를 살펴본 후 종합적인 평가를 하여 최종 합격자를 추린다. 그리고 최종으로 신체검사를 통해 건강에도 이상이 없는지 확인되면 채용이 확정된다. 광고회사의 신입사원이 되기 전에 대부분 인턴 기간을 거친다. 일반적으로 신입사원은 인턴으로 3개월 일하며 그 기간 동안 평가를 받은 후 3개월 단위로 연장해 정직원으로 채용된다. 인재를 보는 기준에서 중요한 것은 우선 잠재적 전문성이다. 광고일을 정말 잘할 수 있는 사람인가를 보는 것은 뭐니 뭐니 해도 공모전 수상 이력일 것이다. 그리고 사람과 사람이 일하는 업무의 특성상 의사소통능력에 많은 비중을 두고 평가하는데, 외국어능력(외국계 회사, 글로벌 브랜드를 담당하는 기획의 경우 상당한 가산점으로 작용)이나 논리적이고 창의적인 소통방식을 중점으로

본다. 그 외 출퇴근, 지각에 대한 체크, 팀 내에서의 적응도를 기반으로 기본적인 인성을 평가한다. 인턴 기간 동안 성실한 태도로 일하고 큰 실수가 없었다면 정직원이 될 확률이 높지만 큰 실수들을 반복하고 태도에도 문제가 있다면 정직원은 힘들 것이다. 그러므로 광고회사에서 일하고 싶다면 스스로 광고인답게 행동해야 한다. 기존 프로 광고인에 절대 뒤지지 않을 경험, 재능, 태도 그리고 성실함과 인성이 증명된다면 어디에서건 광고인이 될 가능성이 높아질 것이다.

경력직의 경우 신입사원보다 채용과정이 까다롭지 않다. 광고주와의 약속, 광고의 목표 달성, 중요한 미팅, 광고를 만드는 방식 등에서 경력직이라면 해온 경험에 비례해 큰 문제가 없다고 보는 것이다. 또한 누군가의 추천으로 이직을 한다면 그 직원의 신뢰도를 기반으로 긍정적인 평가를 받는 경우가 많다. 광고업계가 좁기 때문에 경력직 사원이 이전 회사에서 어떤 일을 해왔고 인성과 업무 처리 방식 등이 어떤지 직간접적으로 파악이 가능하다. 경력직은 주로 회사와 잘 맞는 이력인지, 잘 적응할 수 있는지, 원하는 직무를 제대로 소화할 수 있는지를 포트폴리오와 경력 위주로 심사해 채용한다.

광고인은 늘 자신의 가치를 증명해 보여야 하는 존재다. 현업에서는 광고주가 평가하고, 일하는 동안에는 동료가 평가하며, 광고를 제작하면 소비자가 평가한다. 이직을 할 때에도 어디서, 무엇을 만들었는가가 꼬리표처럼 따라다니며 그것으로 가치가 가늠된다. 그러므로 객관적인 자기 검증은 항상 필요하다. 광고회사는 경력직 같은 신입사원을 매우 선호하고, 신입 같은 열정을 갖춘 참신한 경력직을 선호한다. 결국 원하는 것은 광고를 무척 잘할 것 같은 사람이거나 이미 잘하는 사람인 것이다.

어떤 스펙을 쌓아야 광고인이 되기에 유리한가요?

앞서 말한 것처럼 광고를 잘 만들었거나 잘 만들 것 같은 스펙을 쌓아야 한다. 직무에 따라 조금씩 차이가 있을 뿐이다. 먼저 기획은 광고에 대한 전반적인 이해와 커뮤니케이션 능력, 사람에 대한 기본적인 센스와 태도 그리고 광고목표에 대한 정확한 이해와 실행능력 등이 필요하다. 따라서 광고기획을 하고자 한다면 커뮤니케이션 능력이 좋고 쾌활한 사람이 선호된다. 그러면서도 날카로운 분석능력도 있어야 하고 업무 처리 능력은 센스 있고 섬세해야 한다. 이러한 능력들을 갖춘다는 것은 결국 슈퍼맨에 가깝지만 사실상 광고회사에서 원하는 기획자의 모습이기도 하다. 따라서 이 같은 이상형에 가장 닮아 있는 사람들을 광고인으로서 채용하고 싶어 한다.

기획을 희망하는 사람들의 스펙은 정교하고 객관적이며 타인과 구분되고 섬세하다. 광고를 만들지 않았을 뿐이지 이미 그러한 인생을 살아왔고 현재 살고 있음을 느끼게 해준다. 예를 들면 사람들과 소통하는 것이 좋아서 다양한 경험을 쌓고 봉사 활동을 해왔으며 외국인 친구와 소통하기 위해 영어를 열심히 공부했고 어려서부터 무언가 호기심이 앞서면 구체적으로 알고 싶어 분해하고 조립하고 물어보고 연구해야 직성이 풀렸다는 사람, 한번 정한 목표가 있으면 자신과의 싸움을 견뎌내고 끊임없이 열심히 해왔던 무언가의 이력, 항상 최고는 아니어도 기본적으로 무난하게 다 잘 해내고 싶어하는 성향, 한번 약속한 것은 꼭 지켜야 하는 성격, 주변에 문제가 있어 보이면 이를 해결하려고 하고 또 해결했던 사례들을 소개할 수 있다거나 광고가 좋아서 무엇을 해왔고 어떤 일까지 해봤는지에 대한 에피소드가 풍부한 사람, 결국 광고공모전에서 수상하기까지의 노력들의 나열 등 어쩌면 너무 이상적이라 할 수 있겠지만 신입사원이 된 기획자들의 이력은 대개 이런 느낌을 지니고 있었다.

반면 제작 쪽의 지원자들은 자신만의 세계가 있어 보이고 예술적인 기질이 있었다. 사람들과 소통하고 공동으로 작업하기를 좋아했으며 무언가를 표현하는 것을 즐겨 때론 작품으로 때론 취미로써 그 활동 영역을 넘나들었다. 무엇보다 제작물에 대한 자신만의 자질을 보여줄 수 있는 포트폴리오가 상당히 많다. 이미 학생 때부터 수상작이 많이 있고 졸업과제는 기성 광고인이나 예술작품에 가까운 경우도 있다. 제작에 활용 가능한 툴은 어느 정도는 익숙한 상태이고 (이른바 '똘끼'라 불리는 것에 가까운) 실험적이고 도전적인 활동을 한 사례들이 에피소드로 존재한다. 평범한 것에서 자신만의 통찰력으로 무언가를 뽑아내고 상상력을 더한 것이 있다든지, 표현방식이 색다르고 개성 있는 이력들이 있다. 이러한 잠재적 가능성 혹은 광고와 유사한 포트폴리오가 있는 이들이 광고제작을 하는 데 있어 좋은 인재로 평가된다.

어쩌면 이런 광고에 대한 훌륭한 잠재성을 입증하는 객관적인 것들이 광고인이 되는 스펙이 아닐까. 실제로 다른 라이프스타일을 보이거나 신념과 철학이 분명한 사람들이 광고인인 경우가 있다. 때론 특출한 것 없이 평범해 보이는 사람이 광고인인 경우도 있다. 하지만 이 경우 그 사람에게는 분명히 잘하는 무언가가 있다. 그렇기에 광고인이 되는 스펙을 쌓고 싶다면 먼저 선행되어야 하는 것이 자기 자신에 대해서 제대로 아는 것이다. 내가 되고 싶은 광고인은 어떤 사람인지, 기획인지 제작인지 아니면 매체에 대한 전문가인지, 어떤 분야에서 무엇을 만들고 싶은지를 정확히 이해하고 있어야 한다. 그다음 그것을 잘 해낼 수 있는 사람으로 자기 자신을 만들어나가며 증명해 보일 수 있어야 한다. 누군가 막연하게 광고인이 되고 싶다거나 하고 싶다고 해서 뽑아주는 광고회사는 거의 없기 때문이다.

광고인이 되고 난 이후에도 과연 얼마나 오래 잘 해나갈 수 있을지도 미지수다. 광고업계에 몸담고 있으면서 이직이 잦고 중도에 그만두거나 다른 업종으로 변경하는 사람을 많이 보았기 때문이다. 그렇기에 적어도 광고회사의 입장에서는 광고인이 되려는 사람을 제대로 구분해서 뽑는 것이 매우 중요한 일이다.

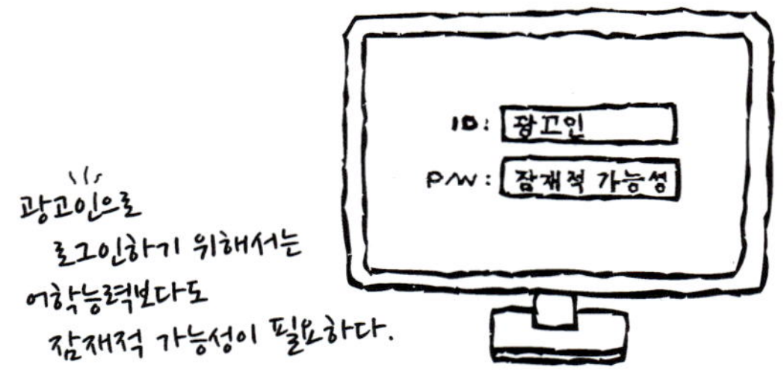

좋은 학벌과 어학능력은 필수조건인가요?

좋은 학벌과 어학(영어)능력은 어느 회사에서나 좋은 평가를 받을 것이고, 더 좋은 기회를 열어줄 유리한 조건임은 분명하다. 그러나 광고업계에서 필수조건은 아니다. 물론 좋은 학벌과 어학능력이 광고회사의 문턱을 낮춰주어 상대적으로 쉽게 채용되는 경우도 흔히 볼 수 있다. 이는 광고주들의 대다수가 좋은 학벌인 경우가 많고 외국계 브랜드의 경우에는 영어로 광고제안서가 작업되어야 하기 때문이다. 따라서 좋은 학벌은 1차 지원서인 이력서에서 흠이 될 리가 없다. 우수한 어학능력 역시 다양한 기회를 열어줄 것이고 소통능력이 좋다는 인식을 심어줄 수 있다. 하지만 다른 부분의 재능과 실력을 증명해 보일 수 있다면 경쟁해볼 만하다. 좋은 학벌과 뛰어난 영어실력에 광고의 핵심인 기획력과 창의력을 함께 갖춘 인재는 많지 않기 때문이다.

광고회사에서 하는 광고업은 다양한 장점과 개성을 가진 사람들이 서로 맞물려 시너지효과를 내는 것이기 때문에 무작정 학벌과 어학능력이 좋다고 뽑을 수는 없다. 기획력, 마케팅 등의 실력이 기반이자 본질이며, 이것과 더불어 학벌과 어학능력이 좋으면 특히 기획업무를 하는 데 있어서 좋을 따름이다. 좋은 대학을 나오지 않았어도 어학능력이 부족해도 훌륭한 광고인으로 일하고 있는 사람들을 얼마든지 볼 수 있다. 자신이 부족한 부분이 있다면 다른 장점과 재능으로 충분히 메울 수 있어야 한다.

광고제작 분야는 기획에 비해 학벌이나 어학능력으로부터 조금 자유롭다. 좋은 학벌과 어학능력이 뛰어난 디자인과 감각적인 카피라이팅 능력에 직접적인 조건이 아니며, 상대적으로 광고주와 커뮤니케이션을 할 일이 거의 없기 때문이다. 극단적으로 학벌과 어학능력만 좋은 사람과 기본 소양 이상을 갖추고 제작능력이 뛰어난 사람이 있다면 후자가 채용될 확률이 더 높다(물론 채용 기준이 학벌과 어학능력인 곳도 있다).

광고인이 되기에 부족한 사람은 없다. 하지만 광고인이 되기 위해서는 그만의 노력이 필요하며 노력만큼의 객관적인 자기 증명을 할 수 있어야 한다. 광고인은 어제 잘하다가도 오늘 못할 수 있고, 한창 잘 나가다가도 슬럼프에 빠질 수도 있다. 때문에 광고인으로서의 기본 소양은 무척 중요하며 자기 노력 또한 필요하다. 즉, 본질적인 측면이 매우 중요한 일이라고 역설하고 싶다. 나보다 뛰어난 사람은 어디에나 있다. 스펙으로만 싸운다면 불리한 사람들은 많다. 하지만 광고를 누구보다 사랑하고 그 꿈을 이루기 위해 끝까지 노력하는 사람은 많지 않다. 광고인에 대한 진정성 그리고 이를 어떻게든 증명해 보이고자 하는 노력에서 비로소 기회와 자격은 주어진다. 많은 예비 광고인들이 광고에 대한 막연한 환상과 두려움을 가지고 있다는 것을 안다. 인생의 모든 일이 그러하듯 실체를 끊임없이 부딪쳐야 비로소 원하는 바에 도달할 수 있다. 그리고 부족한 만큼 채워가면 된다. 무척 간단하고 우직한 방법이라 생각한다. 오늘보다 내일 더 광고인과 가까워지면 된다. 그런 마음가짐이라면 더디더라도 마침내 목표에 가까워질 것이고, 언젠가 그 일을 하고 있는 스스로를 발견하게 될 것이다.

예비 광고인을 위한
교육기관이 따로 있나요?

예비 광고인들의 산실이라 불리는 곳이 몇 있다. 먼저 대학생 때 접하기 가장 좋은 곳은 바로 광고동아리다. 한때 광고를 소재로 한 드라마나 영화가 유행했을 때 여러 대학교에서는 광고동아리가 생겨났고 현재도 각 대학교마다 1곳 정도는 광고동아리가 있다. 그중 가장 대표적인 곳으로 필자가 활동하기도 했던 '애드파워(www.adpower.org)'를 꼽을 수 있다. 1989년에 설립되어 우리나라에서 가장 먼저 생긴 서울·경인지역 대학생 연합 광고동아리다. 최초, 최고, 최대를 자랑하는 애드파워는 다양한 대학생들이 매년 신입생을 모집해 광고 관련 활동을 꾸준히 이어오고 있다. 연합 광고동아리라는 특성상 특정 대학교의 학생이 아닌 다양한 학교의 대학생들을 대상으로 매년 시험을 통해 회원을 선발하여 활동한다.

그 외에도 애드파워를 비롯한 3개의 연합동아리(애드피아, 애드컬리지, 애드플래시)가 있으며, 브랜딩동아리 혹은 마케팅동아리들을 홈페이지나 블로그, SNS를 통해 검색해보면 도움이 될 것이다. 이들 동아리는 오랜 역사와 전통으로 광고인 선배들과의 끈끈한 네트워크를 유지하고 있으며 매주 토요일마다 모여 광고를 중심으로 한 다양한 스터디 활동을 이어가고 있다. 동아리 활동 중 대학생이지만 광고회사처럼 대기업의 의뢰를 받아 광고를 제작하는 기회를 얻기도 하며 광고조사나 분석, 인터뷰의 패널로 초대받기도 한다. 때로 광고 관련 캠페인을 열어 사회문제나 이슈들을 해결하는 데 앞장서기도 하며, 광고 전문 지식을 매주 공부하고 광고업계 선배들의 멘토링을 받을 수 있다는 장점이 있다.

이외 광고 전문 교육기관의 도움을 받을 수도 있다. 한국방송광고진흥공사(KOBA-CO)는 대학생을 대상으로 예비 광고인과 현직 광고인들을 위한 서비스로 KOBACO 광고교육원(https://edu.kobaco.co.kr)을 운영하고 있다. 이를 통해 각종 광고 전문가 과정을 개설해 현직 광고인들과의 배움과 소통의 기회를 연결한다. 국제 광고인 전문가 과정에 대해서도 자격증을 수료할 수 있도록 하며 국제 광고제에 한국 국가대표를 선발하는 등 다양한 행사를 진행하기도 했다. 국가기관이므로 교육비는 사설 교육기관에 비해서 저렴한 편이다.

또한 광고인들을 전문적으로 양성하는 사설기관으로는 광고연구원(www.adcollege.co.kr)이 대표적이다. 비용은 조금 비싼 편이지만 체계적인 교육과 진로상담, 광고인과의 네트워크 형성, 취업 기회에 대한 발 빠른 공유와 추천으로 인해 많은 이들에게 광고인으로의 길을 열어주고 있다.

마지막으로 호랑이를 잡으려면 호랑이 굴로 가라는 말처럼 광고회사의 인턴, 하다못해 아르바이트라도 하면서 현장을 경험하고 어깨너머로 선배들의 광고를 접하는 방법이 있다. 백문이 불여일견이므로 경험하며 체득한 것만큼 좋은 스승은 없다고 생각한다. 선배 광고인의 사고방식, 일하는 모습, 출근과 퇴근, 회의실에서의 회의 방법 등 모든 것이 산교육이고 배움이 될 것이다. 수단과 방법을 가리지 않고 광고의 곁으로 가는 것이 가장 좋은 방법이 될 수 있다.

광고인을 꿈꾸고 있다면 지금 정보를 토대로 광고를 직간접적으로 체험하며 배워보는 것은 어떨까. 광고업계 취업의 문은 광고 관련 전공자가 아니어도 열정과 실력을 증명해 보일 수 있다면 활짝 열려 있다. 심지어 공대 출신의 카피라이터도 익숙하게 만날 수 있으며 디자인을 전공한 기획자, 어문 계열을 전공한 기획자도 많다. 자신의 역량은 스스로 키워나가면 되는 것이다. 광고인이 될 수 있는 많은 방법과 가능성이 열려 있으니 광고인에 적극적으로 도전해볼 것을 권하고 싶다.

광고인은 슈퍼맨이 아니다.
하지만 일을 잘하는 광고인은
신기하게도 슈퍼맨처럼 일한다.

광고인이 말하는
진정한 광고인

누구나 일할 때의 모습과 일상생활의 모습, 잘 꾸며진 모습과 업무에 지친 모습 등 다양한 면을 보이며 살아간다. 광고인도 일반 회사원과 다를 바 없지만 업무 특성상 조금 더 다양한 모습을 볼 수 있다. 평상시 일할 때의 모습과 경쟁 P.T를 하러 갈 때의 모습, 촬영장에서의 모습과 연이은 야근을 할 때의 축 처진 모습 등등 광고인도 사람이기 때문에 늘 좋은 모습만 보이지도, 늘 힘든 얼굴만 하지도 않는다. 또한 각각의 개성대로 표현이 가능한 직업이라 다양한 모습을 보여주는 것에도 익숙하다.

기본적으로 광고회사는 전략적이면서도 아이디어를 만드는 크리에이티브한 집단이다. 그렇기에 개개인의 구성원은 겉보기와 다르게 혹은 겉보기와 같이 개성이 넘치고 약간은 별난 구석들이 있다. 의식적이든 아니든 평범해 보이지 않으려고 노력하는데 그것은 성격이나 성향으로 나타나기도 하고, 쉽게는 외모나 이미지로 풍기기도 한다. 광고인은 일반적으로 평범하거나 고루하고 답답한 성향과는 다소 거리가 멀다. 기획의 경우에는 센스가 넘치는 사람들이 많고 제작의 경우에는 별나다 싶은 정도로 예술적인 성향의 사람들이 많다. 옷차림과 헤어스타일 등이 평범하지 않은 경우가 많고 그들의 생각은 때때로 우주만큼이나 기발하기도 하다. 하지만 다들 현실 세계를 초월하는 이상함은 아니다. 기본적으로 비즈니스를 하는 사람들이기도 하고 소비자의 눈높이에 맞춰 아이디어를 만들므로 지나치게 별나기만 해서는 문제가 발생하기 때문이다. 오히려 개성이 지나치고 너무 별난 사람, 사회성이 떨어지는 사람은 함께 결과물을 만들어내는 광고의 특성상 같이 일하기 어려운 사람일 수 있다.

일반 사람들이 보기에 광고인은 신기하거나 독특하단 느낌을 받을 수 있지만 광고인인 내가 보기에는 외려 재능이 많거나 특별한 사람들이라 말하고 싶다. 색다른 취미가 있다거나 예술적인 작품으로 자신을 표현하는 경우가 그렇다. 광고업을 하면서도 작가이거나 전시회를 연다거나 가수로 활동하기도 한다. 주변에서도 카피라이터이면서 소설가이거나 시인인 사람이 있고, 디자이너이면서 사진작가인 친구도 있다. 기획자이면서 파티의 사회를 보는가 하면 이리저리 여행을 다니면서 쓴 에세이를 책으로 출간하기도 하고, 만화작가로 웹툰을 그리는 광고인도 있다. 이처럼 광고인의 재능은 다양한 취미와 개성이 어우러지고 결국 광고를 통해 표현되기도 한다. 마케팅적인 지식을 기반으로 자신만의 독특한 재능을 더하는 일이 상업적 특성의 예술로 보이기도 하는 것이다.

광고인들은 자신만의 노하우를 축적하여 새로운 방법을 만들기도 하고 역사나 영화, 그림에 전문가 이상의 전문성을 가지고 있는 경우가 많다. 아마도 광고를 하지 않았다면 더 다채로운 삶을 살며 해당 분야의 전문성을 지닌 사람으로 살아갔을 것이란 생각이 든다. 하지만 그들은 광고를 택했고, 광고를 가장 즐겁고 보람 있는 일로 여기기에 광고를 만들고 있는 것이 아닐까. 혹은 지금 이 순간만큼은 적어도 광고인으로 사는 것에 만족하고 있는 것이 아닐까. 언젠가 자신의 재능을 찾아 광고가 아닌 다른 길을 가게 될지라도 그 혹은 그녀가 축적한 다양한 경험과 재능을 통해 더 나은 삶을 살아가게 될 것이다.

광고인은 광고를 통해 밥을 먹고살며, 광고를 통해 고통과 즐거움을 동시에 얻는다. 어떤 사람이든 오랫동안 그 일을 하면 그 일과 닮아갈 수밖에 없다. 그런 의미에서 광고를 닮아 있는 것이 광고인이란 생각을 해본다. 그래서 광고인들은 한편으로는 치밀한 전략가이자 또 한편으로는 자유로운 예술가적 기질을 지닌 사람들이란 생각이 든다.

광고주는 광고회사에게
어떤 일을 요청하나요?

누구나 알고 있듯 광고주는 광고회사에 광고를 맡긴다. 이것 안에는 이미 무수히 많은 일이 존재한다. 우선 광고회사에 업무를 요청하는 광고주는 대부분 마케팅부서의 소속이다. 왜냐하면 광고는 마케팅에 속한 업무 영역이기 때문이다. 기본적으로 마케팅은 네 가지로 구분될 수 있다. 우리가 흔히 알고 있는 광고를 비롯해 홍보라고 불리는 PR, 판매를 촉진시키는 세일즈 프로모션, 마지막으로 인적 판매다. 마케팅을 하는 광고주의 부서에서는 광고에 사용 가능한 비용이 주어지고 이를 마케팅 전략 측면에서 운영한다. 이때 광고에 대한 전반적인 집행은 광고회사와 함께 진행하므로 어떤 광고회사를 선택했느냐에 따라 광고주의 업무성과가 달라진다.

대부분의 경우 큰 규모의 광고를 맡길 때는 경쟁 프레젠테이션이라 불리는 경쟁 P.T를 통해 최소 3곳 이상의 광고회사에 제안을 요청한다. 그리고 같은 날 각 회사의 전략과 아이디어 등을 보고 평가해 가장 적합한 곳에 광고를 맡긴다. 이렇게 선정된 광고회사는 광고주에게 광고캠페인 집행 외에도 다양한 서비스를 제공해야 한다.

계약이 성사되고 광고주가 광고를 맡긴 경우, 우선 광고주가 원하는 마케팅 목표를 달성하기 위한 광고전략과 크리에이티브를 제안해야 한다. 이를 위해 광고회사는 소비자 조사, 트렌드 조사 등을 비롯한 경쟁사 조사, 광고할 자사의 제품이나 서비스에 대해서 면밀히 분석한다. 이를 토대로 광고전략을 수립하며 콘셉트를 정한다. 이 전략과 콘셉트가 광고주에게 통과되면 이를 기반으로 광고제작물인 TV, 라디오, 잡지와 신문, 온라인 광고 등을 제작하기 위해 여러 아이디어를 고민하고 최소 2~3개의 아이디어를 정리한다. 이와 함께 광고매체비를 집행하기 위한 매체전략과 비용의 분배를 한 미디어믹스를 제시한다. 모든 과정에는 광고주를 설득하고 소비자에게 제품과 서비스를 매력적으로 선보일 수 있는 전략과 아이디어가 담겨 있어야 한다. 그렇지 않으면 누가 보느냐에 따라 기준이 달라져 의사결정을 하기 어려워진다. 이처럼 수많은 보고와 수정사항을 거쳐서 전략하에 콘셉트가, 콘셉트하에 광고 크리에이티브가 결정되고 이를 제작하기 위한 스케줄과 더불어 광고제작에 대한 준비가 본격적으로 시작된다.

광고제작은 제작비의 규모에 맞게 다양한 준비가 필요하며 약속된 스케줄에 맞춰야 한다. 이를 위해서 프로덕션을 선택하고 감독과 촬영스태프들을 정해 회의를 하고 촬영의 전반적인 부분을 논의한다. 필요시 광고모델에 대한 1차 후보들을 선정해 광고주에게 제시하며 컨펌된 광고모델과 스케줄을 논의해 촬영일정을 정한다. 전반적인 촬영계획을 세웠다면 PPM 노트를 만들어 촬영 전에 최종 확인을 받고 이를 근거로 촬영에 들어간다. 촬영장에서는 광고주를 대동해 즉각적인 의사결정이 필요한 경우 이를 확인하고 진행하며, 촬영을 모두 마친 후에는 후반작업을 통해서 제작물의 완성까지 가편집, 1차 시사, 2차 시사 등을 거치고 최종 시사 후 완성본을 내보내면 마무리가 된다. 이러한 일련의 과정에는 무수히 많은 사람들이 참여하므로 이를 리드하는 광고대행사는 각별히 점검하고 체크하여 본래 아이디어가 충분히 표현되도록 최선을 다해야 한다.

광고제작이 완료되면 광고가 각 매체마다 라이브 된다. 이후 광고대행사는 각 매체별로 게재보고를 해야 한다. 이후 광고효과에 대한 부분을 리포트 형태로 체크해 보고하고 이슈가 생기는 경우 즉각적인 조치를 취해 이상 없이 광고집행이 마무리될 때까지 최선을 다한다. 모든 광고캠페인이 종료되면 전반적인 집행 사항들을 되짚어보고 부족한 점과 잘한 점 등을 최종으로 보고해 다음 광고캠페인에 대한 주안점으로 삼는다.

이외에도 매 광고 시즌마다 제안이 계속되며 광고주의 특정 이슈, 혹은 광고하는 제품이나 서비스에 이슈가 있는 경우 해결책을 제시하기도 한다. 정기적으로 업계 동향이나 경쟁사 동향을 분석해 보고서를 제출하기도 하며 광고주의 마케팅적 성공을 위해서 다양한 측면의 제안과 도움을 주는 일을 필요로 한다. 광고주는 마케팅적 차원에서 다양한 업무를 광고회사에 요청한다. 그러면 광고회사는 최선을 다해 성실히 수행한다. 대체적으로 이것이 광고회사의 업무라 할 수 있다.

광고인은 매일 야근을 한다는데 사실인가요?

광고인과 야근은 떼려야 뗄 수 없는 관계다. 답이 없는 일을 최대한 답에 가깝게 고민하고 그 답을 가시화해야 하는, 즉 현실로 만들어 보여주는 일을 하기 때문이다. 시간을 투자한 만큼 더 나은 결과를 얻을 수 있듯 더 많은 고민을 해야 좋은 답이 나오며 더 많은 고민을 할수록 최선의 답에 가까운 결과를 얻을 수 있다. 광고주의 미션을 받아서 수행하는 일이라 기본적으로 업무 시간 중 과업을 전달받고 짧은 일정에 고민하다보면 자연스레 야근을 하고 있는 자신을 보게 된다.

광고회사의 업무는 단 한번에 벼락같은 영감으로 이뤄지는 경우는 거의 없다. 1차적으로 답이 나왔다고 해도 그것이 진정한 답인지 끊임없는 고민을 한다. 게다가 광고주가 원하는 방향에 맞는가에 따라 2차, 3차, 4차 등 많은 횟수의 제안이 필요하고 다양한 아이디어를 내야 하는 것이다.

이러한 광고업의 특성 때문에 광고인들은 기본적으로 야근이 생활화되어 있다. 그리고 하나의 일만을 수행하는 경우가 드물며, 최소한 2~3개 이상의 프로젝트를 동시에 수행함으로써 더욱 바쁜 생활을 하게 된다. 이처럼 광고업무는 사람으로 시작해서 사람으로 마무리되며, 어떤 제품을 만들어내는 일이 아니기 때문에 공장을 돌리는 것처럼 규칙적인 시스템으로 돌아갈 수 없다.

현재 광고업계의 상황이 이렇다 보니 광고회사는 직원을 뽑을 때부터 "야근을 염두에 두어라"라고 말하는 경우가 일반적이다. 이에 반해 의식적으로 야근을 줄이기 위한 노력을 기울이는 회사들이 있다. 하지만 야근을 완전히 개선해나가려면 시스템적으로, 인적으로 부단한 노력이 필요하다.

사실 일을 줄이자고 해서 줄일 수 없는 것이 광고회사의 딜레마이기도 하다. 왜냐하면 일은 광고주가 주는 것이며 시기가 정해진 것도 아니기 때문이다. 오늘까지만 일하면 이제 좀 여유가 있을 것 같을 때 새로운 일이 맞물려 찾아온다. 그러므로 결국 의도치 않게 야근을 하게 되는 것이다.

사람에 따라 다르겠지만 이러한 과정이 반복되면 체질적으로 야근이 편해지게 되며 낮에는 분주하게 처리할 업무에 바쁘다가도 저녁이 되면 무언가 깊이 고민하는 시간을 갖고 싶어지면서 야근을 하는 경우도 종종 있다. 야근하는 습관은 연차가 쌓여도 줄어들기는커녕 오히려 반복되는 날이 많고, 막상 친구들과 약속을 미리 정해놓으면 그 날짜에 광고주의 새로운 요청이 오는 경우가 허다하다.

광고회사는 일을 잘하는 사람과 그 사람이 사용하는 컴퓨터 그리고 야근을 하는 공간으로 이루어져 있다. 그 외에는 아무것도 없다. 그러므로 잘되는 회사는 일이 많기 때문에 반복적으로 야근을 하게 되고, 일이 부족한 회사는 일을 가져오기 위해서 더 많이 일해야 하므로 야근을 할 수밖에 없는 구조가 된다. 당장 일이 없으면 다양한 경쟁 P.T에 입찰해서 일을 가져와야 하고, 그렇지 않더라도 기존의 광고주에게 제안해 일을 더 해야 하기 때문이다.

광고인의 업무에는 사실 "적당히 일하자"라는 말이 성립되지 않는다. 오히려 야근을 안 하려면 광고일을 잘해야 하며, 비효율적인 시간을 최대한 줄여 불필요한 야근을 없애는 것이 중요하다. 꼭 필요한 야근만 할 수 있도록 현재 필자가 창업한 회사에서는 불필요한 회의나 업무 등을 대폭 줄였다. 그리고 언제 어디서든 일할 수 있다고 믿고 자유를 준다. 일을 적게 줄 수는 없지만 그 일을 처리하는 방법에 대해서는 공간과 시간의 제약을 열어두어 조금 더 자유로운 근무환경을 만들어주는 방법을 택하고 있다.

광고인의 출퇴근 시간과 복장은 모두 자유로운가요?

광고인은 출퇴근이 조금 느슨한 편이다. 야근을 하고 다음 날 늦게 출근하는 경우가 매우 잦기 때문이다. 새벽에 들어가는 불규칙한 일정이 많기 때문에 으레 다음 날 늦게 출근하면 '어제 야근했구나'라고 생각한다. 그러나 이것도 회사마다 기준이 다르기 때문에 회사와 직급에 따라서 차이가 난다. 대기업 계열 광고회사의 경우 광고주의 영향을 받아 출근 시간이 조금 더 민감한 것으로 소문이 나 있다. 외국계나 독립광고회사의 경우에는 좀 더 재량껏 출퇴근을 하기도 한다. 하지만 무엇보다 직장 상사가 어떤 스타일의 사람이냐에 따라 다르다고 하는 것이 정답일 것이다.

출퇴근에 대한 시간적 자유로움은 광고회사마다 기준이 다른데, 어떤 회사는 자율성을 보장해 중요한 일만 잘 처리하면 출퇴근에 크게 눈치를 주지 않는 경우도 있고, 어떤 회사는 평소 출퇴근을 잘 지키도록 요구하면서 때때로 특정한 날에 조기퇴근을 시켜준다거나 지각을 해도 되는 이벤트를 주는 경우도 있다. 결론적으로 광고회사의 출퇴근은 일반 회사보다 조금 자유로운 편이지만 아주 자유롭지는 않다. 광고회사의 업무 시간은 곧 광고주의 업무 시간이기 때문에 원활한 소통을 위해서 광고회사가 마냥 자유로울 수는 없는 것이다. 오히려 이러한 업무의 빡빡함을 견디고 참다가 쌓인 휴가를 자유롭게 내서 길게 쉴 수 있게 해주는 것도 광고회사다운 분위기이기도 하다.

광고인은 기본적으로 캐주얼한 차림을 즐긴다. 복장에 규제가 거의 없는 편이다. 기획 인력의 경우는 광고주와의 미팅이 잦기 때문에 약간의 격식을 갖춘 복장이 일반적이다. 혹은 캐주얼하게 입고 오더라도 회사에 단정한 옷을 챙겨두어 미팅이 생기면 입고 나갈 수 있도록 준비해놓는다. 광고회사 대부분은 자체적으로 복장에 대한 규율이 없는 편이지만 미팅 시 광고주가 역으로 비즈니스 캐주얼을 요청하는 경우가 있어 이에 응할 때가 있다. 반면 제작 쪽은 광고주 미팅을 할 일이 거의 없기 때문에 더욱 자연스러운 차림으로 회사에 출근한다. 때론 일이 몰려 제작물을 작업하느라 야근이 잦을 때는 추리닝에 가까운 복장으로 회사에 있는 경우도 있다.

광고회사 대부분은 개개인의 업무에 대한 책임감을 강조하되 나머지 부분이 자유로운 것이 특징이다. 예를 들어 청바지는 조금 더 광고인이 자유롭게 생각하고 표현하는 데 기본적인 아이템이라 생각한다. 하지만 광고인이라고 항상 편한 차림만 고집하는 것은 아니다. 광고주와의 미팅 자리, 경쟁 P.T에서 발표를 하러 가는 때, 광고주와의 저녁식사 혹은 파티 때는 다들 근사한 차림으로 자리를 빛낼 줄 안다. 이러한 센스가 기본으로 갖춰진 상태에서 평일의 자유로움을 추구하고 있는 것이다.

갑을관계 때문에
접대문화가 있다는데 사실인가요?

한국사회의 비즈니스 특징은 광고회사에서도 예외가 될 순 없다. 게다가 광고주라는 '주님'의 절대적인 갑의 위치는 상상보다 크다. 광고주의 예산으로 광고대행사가 광고를 집행하고 수익을 얻기 때문이다. 쉽게 말해서 광고주가 없는 회사는 광고를 만들 수 없고 결국 광고업을 할 수 없게 된다. 따라서 광고주의 특성 혹은 담당자의 특성에 따라 접대문화가 심한 곳이 있고, 적은 곳 그리고 없는 곳이 있다. 예전에는 이른바 광고주의 갑질이 크게 존재했다고 들었다. 한국사회도 과거에는 체계화되지 않은 윤리와 시스템 때문에 도덕적인 부분이 해이했기 때문이다. 하지만 점차 합리적으로 일하는 문화, 성과 위주의 문화가 광고주에게도 인식되면서 부당한 접대문화는 없어지는 추세다.

하지만 사람이기 때문에 접대를 받고자 한다면 얼마든지 받을 수도 있는 것이 광고업계의 현실이다. 꼭 뒷돈을 챙겨달라 하거나 술 접대 등을 요구하지 않아도 여러 형태의 갑질은 있을 수 있다. 때로는 부당한 대우를 견뎌야 하는 경우도 있고 이유 없는 어려움을 겪게 되는 경우도 있다. 광고회사가 알아서 접대를 하는 경우도 있는데, 점차 그 수위가 높아지기 마련이고 나중에는 그 이상을 해줘야 하는 부담감이 작용할 것이다. 그러므로 단기적으로나 장기적으로 과도한 접대는 좋지 않다. 결국 광고회사는 실력으로 승부해야 하는 것이다. 최고의 접대는 최고의 광고를 만들어 결과물로서 보여주는 것이라 믿고 있다.

어디까지가 접대인지 아닌지의 기준이 모호하지만 일반적으로 담당자와 함께하는 식사나 차 대접 정도는 접대라고 보기 어렵다. 함께 일을 하면서 그러한 자리를 통해 파트너십을 쌓을 수 있기 때문이다. 소박한 나눔이나 적절한 범위 내에서 하는 간단한 술자리까지는 건전한 접대라고 볼 수 있다. 하지만 실력 이상의 것을 얻어내기 위해서 과도한 접대, 금품, 향락의 수준에 가까운 접대 등 본질 이상의 것을 덮으려거나 얻어내려고 하는 의도적인 접대는 문제가 있다고 생각한다. 주변의 몇몇 광고회사는 공식적으로 접대문화를 없애기 위해 광고주를 선별하기도 한다. 회사가 추구하는 투명하고 철학적인 윤리에 어긋나는 광고주의 일은 대행하지 않겠다는 의지를 가지고 있는 것이다.

비즈니스를 하다보면 회사의 이익을 위해 한두 번의 접대가 필요할 수도 있겠지만 무리하게 이어지는 접대는 직원들의 사기를 떨어뜨릴 뿐 아니라 부당한 대우를 계속 견뎌야 하므로 장기적으로는 광고회사의 건전한 성장에 걸림돌이 될 것이다. 다시 말하지만 광고회사의 최고 접대는 열심히 노력해서 광고주에게 최고의 광고를 선보이는 것이다. 이것이 가장 확실하고 오랜 파트너십을 유지할 수 있는 최선의 방법이자 본질이다.

광고회사가
서울에 몰려 있는 이유

광고회사가 가장 밀집되어 있는 곳은 어디일까? 바로 서울이다. 한번쯤 '왜 그럴까' 생각해본 적이 있다. 그런데 답은 아주 간단했다. 광고주가 서울에 있기 때문이다. 광고회사가 광고주의 근처에 함께 있어야 하는 것은 숙명과도 같은 것이고, 보통 대기업의 본사는 모두 서울에 위치해 있다. 또 외국계 회사의 한국지사들도 모두 서울에 있다. 역시나 이들과 가까운 거리에서 수시로 미팅을 하고 광고를 제작한 후 컨펌을 받아야 하는 광고회사의 특성상 서울에 함께 있을 수밖에 없다.

그렇다면 서울 어느 곳에 광고회사가 가장 밀집되어 있을까? 대부분의 광고주가 어디에 있는지 생각해보면 답은 간단하다. 바로 강남권이다. 여러 사업이 발달한 곳이면서 대기업 본사가 있는 강남에 더 많은 광고주가 밀집되어 있기 때문에 광고회사들도 자연스레 그곳에 밀집되어 있는 편이다. 이외에도 광고주가 있거나 혹은 근거리라는 이유로 명동, 장충동 등지에도 광고회사가 더러 존재한다.

광고주와 광고회사는 공생관계로 가까이에서 일할수록 편하다. 심지어 인하우스 에이전시인 계열사 광고회사는 광고주인 자신들의 건물 안에 광고회사를 두는 경우도 있다. 광고회사 입장에서는 광고주와 너무 가까워도 살짝 불편한 감이 없지 않지만 그래도 먼 것보다는 훨씬 좋을 것이다. 하루에도 몇 번씩 연락을 주고 받고 주중에 한두 번 이상 미팅을 해야 하는 광고회사의 입장에서는 수시로 광고주와 만날 수 있는 근거리로 회사의 위치를 정하는 것이 당연할 수밖에 없다.

How?

2

광고인이 되기 위한 모든 것

광고를 움직이는
광고인의 세계

광고인의 직무는 광고를 기획하는 광고기획자(AE), 광고제작물의 크리에이티브를 총괄하는 크리에이티브 디렉터(CD), 광고제작물의 비주얼적인 부분을 담당하는 아트디렉터(AD), 광고의 메시지를 만드는 카피라이터(CW) 그리고 광고미디어의 플래닝과 실행을 전담하는 미디어 플래너(MP)가 있다. 크게 보아 오프라인광고회사의 전통적인 역할들이라 할 수 있으며 온라인광고회사에서는 좀 더 세분화된 역할들이 있다. 디지털미디어에 광고캠페인을 진행하는 경우 개발자가 필요한데 이들이 대표적인 예이다.

누구나 재미있고 멋진 광고에 열광하지만 그것을 만드는 사람들의 역할에 대해서는 잘 모르는 것이 일반적이다. 광고는 어느 한 사람의 천재가 모든 것을 만드는 것이 아니다. 서로의 부족한 부분을 채우고 장점들을 모아 최고의 광고가 탄생한다. 그렇기 때문에 우선 광고회사의 다양한 역할에 대해 구체적으로 알 필요가 있다. 막연히 광고에 대한 꿈을 가지고 있다가 유사한 직종으로 잘못 시작하는 사례도 많이 봐왔다. 자신은 광고의 아이디어를 내고 이를 직접 만드는 것에 관심이 있었던 사람인데 광고 계통이라고 와서 보니 매체사였다는 이야기, 카피라이터가 되고 싶었는데 지금은 마케터로 경력이 굳어버렸다는 이야기 등 정보를 제대로 알지 못한 채 취업부터 덜컥 해버려서 꿈과 조금씩 멀어지게 되었다는 이야기들이다. 그래서 무엇이 되고 싶은지 구체적으로 이해하고 준비해야 한다.

그렇다면 청소년으로서 혹은 대학생으로서 광고인을 꿈꾸고 있다면 어떤 준비를 해야 할까. 청소년 때 광고를 배울 수 있는 기회는 없는지, 기본적인 소양은 어떤 것을 쌓아야 하는지, 대학에서는 어떤 전공을 선택해야 좋은지 등 앞서 언급했던 희망 직무들을 구체적으로 알아보고 이에 맞게 준비하는 것이 중요하다. 그렇게 대학생이 되어 원하는 광고직무에 맞는 전공으로 진학을 했다면 졸업하기 전에 어떤 곳에서 광고를 배우면 되는지, 어떤 공모전을 준비해야 좋은지에 대해서 자세히 알 필요가 있다. 특히 광고업계로 취업을 준비하는 사람들에게는 본격적인 팁이 필요한데, 어떤 광고회사가 자신과 잘 맞는 회사인지, 광고회사의 인사담당자가 채용 시에 보는 조건은 무엇인지, 규모마다 다른 광고회사들의 인재 채용 절차가 어떠한지 등을 알고 있으면 큰 도움이 될 것이다.

광고업의 본질은 결과에 대한 증명이다. 수많은 광고회사는 서로 경쟁하고 경쟁사의 제품과 서비스보다 더 나은 전략과 제작물로 소비자의 마음을 사로잡기 위해 치열한 일상을 보낸다. 그 경쟁과 긴장감은 결과적으로 광고주의 만족과 성과를 담보하는 것이어야 하며 이러한 일상을 때때로 즐기듯 감당할 수 있어야 오랜 시간 광고인으로서 일할 수 있을 것이다. 학생이라면 예비 광고인의 타이틀을 달고 스스로를 증명해 보이는 일에 시간과 에너지를 쏟을 필요가 있다고 생각한다. 광고의 길로 들어서기에 앞서 스스로가 얼마나 준비된 사람인지, 아무리 힘들어도 잘할 때까지 노력할 각오가 되어 있는지, 광고인으로서 어느 정도의 재능과 소양을 갖춘 사람인지, 단순히 광고에 환상을 품고 좋아만 하고 있던 것은 아닌지를 분명히 파악해보는 자기만의 시간이 필요하다.

광고인으로서의 삶에 출사표를 제대로 던졌다면 최선을 다해야 한다. 제아무리 높은 산이라도 오르고 또 오르면 못 오를 리 없다. 무엇이든 일찍 시작하고 미리 준비한다면 유리한 입장에서 주도적으로 목표를 성취하게 된다. 하나하나 실천해 나가면서 준비하다보면 광고인이 되겠다는 꿈을 이루게 될 것이다.

AE는 무슨 역할이고 어떻게 준비하면 되죠?

광고기획자는 흔히 Account Executive의 약자인 AE라 불린다. 혹은 본래의 의미에서 약간 혼재되어 있지만 Account Planner 등이 유사한 명칭으로 불리기도 한다. 광고기획자는 광고주에 대한 전담 인력으로서 광고회사 측의 대표자를 의미하며 가장 최전방에서 커뮤니케이션을 한다. 그러므로 광고회사의 실질적인 업무의 핵심이라 볼 수 있으며, 실제 이들은 굉장히 많은 일을 해낸다. 광고주에 대해서 가장 잘 알고 세세히 파악하며, 적재적소의 전략을 구사하고 다방면의 채널과 소통하며, 광고주의 마케팅 목표를 달성하기 위해 노력한다. 따라서 광고주의 회사 및 광고주의 제품이나 서비스가 속해 있는 업계에 대해 정통해 있는 것은 물론이고, 광고회사 내부에서 광고캠페인을 기획하고 이를 집행하기 위한 마케팅이나 광고에 대한 지식, 전략과 실행 방안에 대해서 충분히 알고 있다. 또한 광고캠페인의 빈틈없는 실행과 완벽한 성과를 이루기 위해 광고회사 내부 각 분야의 전문 스태프를 잘 다루고 활용할 수 있는 능력도 갖추고 있어야 한다.

광고의 모든 일은 광고기획자로부터 시작되고 광고기획자를 통해 소통되며 광고기획자가 광고주에게 광고제작의 진행과정을 보고하며 마무리된다. 광고기획을 한다는 것은 광고에 대한 폭넓은 이해와 감각 그리고 제작물 관리와 더불어 광고주를 만족시키는 것에 있다. 중간중간 발생하는 문제에 대해서 즉각적으로 대처해 모든 실행을 매끄럽게 하는 것과 광고주와의 커뮤니케이션, 응대 등도 기획자의 일이다. 완벽한 기획은 말 그대로 완벽한 광고인이기도 하다. 잘 숙련된 광고기획자는 광고주와의 미팅, 제안, 콘셉트와 아이디어를 제안서에 정리하는 일, 프레젠테이션을 비롯한 전체 스케줄 관리, 제작물의 예산 설정, 제작자들에게 정확한 전략적 방향을 수립, 사후 광고주에게 보고하는 등 다양한 일을 자연스럽게 해낸다. 사실 광고기획자는 광고회사의 수요가 많은 편이어서 누구나 할 수 있지만 업무강도가 만만치 않기에 아무나 제대로 할 수 없는 역할이기도 하다.

광고기획자는 마케팅, 경영 전공자들이 주를 이룬다. 하지만 이외에도 마케팅 지식을 갖추고 있고 기본적인 성향에 맞다면 어문 계열 전공자든 예술 계열 전공자든 누구나 지원이 가능하다. 전공 과목에서 전문적인 지식을 배우기보다는 주로 광고회사에 입사해 모든 것을 배운다고 봐야 한다. 기획팀의 사수나 선배들이 일하는 것을 지켜보며 하나하나 배워나가는 것이 대부분 광고기획자가 길러지는 방식이다. 사설 광고 아카데미나 동아리에서 대략적으로 광고기획자의 역할에 대해서 배우거나 맛볼 수 있지만 현업을 통해서 숙련되어야 진짜를 경험하고 성장할 수 있다.

광고인이 되길 바라는 대부분의 사람들은 겉으로 보기에 광고기획자가 늠름하고 말끔하며 무엇이든 해결해내는 탁월한 비즈니스맨으로 보여 선호한다. 하지만 이는 업무의 일부일 뿐, 다양한 잡무까지 완벽하고 빈틈없이 챙길 수 있어야 전체적인 균형을 유지하며 일을 끝까지 진행시킬 수 있다. 따라서 알면 알수록 제대로 하기가 쉽지 않은 직무이기도 하다.

대학생들의 경우 마케팅 관련 동아리나 공모전 경험을 토대로 포트폴리오를 만드는 게 좋다. 대학생 제안서 공모전의 경우 전략이 담긴 제안서로 1차 경쟁에서 살아남으면 2차는 프레젠테이션으로 최종 경쟁을 하기 때문에 이 경험 자체를 광고회사는 높이 사는 편이다. 부족하지만 광고기획의 전반적인 준비를 미리 겪었다고 생각하기에 규모가 큰 광고공모전일수록 높은 점수를 받을 수 있다. 이외에도 업무상 소통이 중요한 역할을 하기 때문에 외국어능력이 다른 직무들에 비해서 더 요구된다. 또 광고기획자는 약간이라도 외향적인 성향이 있어야 하는데 이는 항상 광고주와 소통하고 미팅하는 일이 잦기 때문이다. 만약 어눌하고 내성적이더라도 정확히 할 말은 전달할 수 있고 일 처리가 정확하다면 이도 그 나름의 역할에 맞는다고 볼 수 있다.

이처럼 광고기획자는 광고회사에서 중요한 역할이며 수익을 관리하는 존재이기도 하다. 하지만 최근 업계에서 제대로 된 광고기획자를 찾기가 쉽지 않다는 말이 있다. 대부분 경력을 쌓으면 대기업이나 외국계 회사의 광고주로 스카우트되거나 이직을 하기 때문이다. 야근과 스트레스가 많은 직업이기 때문에 경력이 쌓이면 자연스레 더 높은 연봉과 복지가 좋은 광고주 마케터에 끌리기 쉽다. 하지만 광고를 계속하고 싶다는 생각을 가진다면 더 나은 환경의 광고회사로 이직하는 등 다양한 선택지를 둘 수 있을 만큼 일을 잘하는 광고기획자에게는 보다 넓은 선택의 기회가 생기기도 한다.

CW는 무슨 역할이고
어떻게 준비하면 되죠?

카피라이터(Copy Writer)는 카피를 쓰는 사람 또는 광고문장가로서 아트디렉터나 디자이너, PD 혹은 일러스트레이터 등과 협력해 광고를 만드는 문장 담당 전문가다. 인쇄광고의 경우 헤드라인이나 바디카피, 슬로건 등을 작성하는 사람이며, 공중파광고 혹은 바이럴 영상광고의 경우에는 스토리를 중심으로 전체적인 말이나 글을 구상해 쓰는 사람이다.

카피라이터는 언제나 전반적인 흐름을 분석하고 이해해서 정제된 문장을 구사한다. 따라서 생각이 종합적이면서 깊어야 하고 소비자 친화적이다. 그렇기 때문에 광고의 기초 아이디어를 카피라이터가 내는 경우도 많다. 카피라이터는 광고물이 소비자들에게 오랫동안 잊히지 않고 눈길을 끌게 하기 위해 먼저 명확한 광고콘셉트를 추출하고, 좋은 아이디어를 짜내는데, 그 아이디어를 간단명료한 글로써 나타내야 한다. 카피라이터는 누구보다 광고기획자와 연결된 선상에서 일하는 경우가 많다. 광고기획자가 고민하는 전략적인 콘셉트가 카피라이터와의 회의를 통해서 정리되는 경우가 많기 때문이다.

카피라이터는 광고제작물인 공중파 영상광고, 라디오광고, 잡지나 신문인 인쇄광고,

온라인 배너광고, 바이럴 영상광고 등 다양한 제작물의 아이디어와 카피를 작성한다. 과거에는 짧고 임팩트 있는 한 줄의 카피가 생명이었으나 현재는 디지털 디바이스의 발달에 따라 좀 더 길고 기발하며 재미있는 스토리의 영상 시나리오를 작업하는 경우가 많아졌다. 제작물의 특성에 따라 다양한 아이디어를 함께 고민하기 때문에 창작의 부담에서 늘 자유롭지 못하다.

숙련된 카피라이터는 기본적으로 뛰어난 광고전략가인 동시에 아이디어맨이어야 하고, 탁월한 설득 문장가이어야 한다. 그들은 날카로운 직관력과 통찰력을 가지고 있으며, 마케팅에서 발생하는 다양한 문제점을 풀어나가고 해결하려는 능력을 소유하고 있어야 한다. 그렇기 때문에 단순히 문장을 잘 쓰고 어휘에 밝아야 하는 것뿐만 아니라 마케팅적인 지식과 예술적인 상상력 그리고 현실적인 감각과 소비자들의 마음을 꿰뚫는 심리적인 이해에도 밝아야 한다. 다시 말해 마케팅적 글쓰기가 뛰어나고 아이디어가 있어야 한다.

카피라이터는 기획자가 준 자료들과 전략적인 방향을 근거로 콘셉트와 아이디어를 함께 고민한다. 그리고 아트디렉터, 디자이너와 함께 광고제작물의 시각적인 부분과 어우러지는 카피를 뽑아낸다. 영상의 경우 프로덕션과 회의를 하고 아이디어를 살리기 위한 내레이션, 대사, 스토리를 만들어낸다. 모든 광고제작물의 언어적인 부분을 담당하고 있기 때문에 때로 실수를 하거나 오탈자가 있는 그대로 출고되는 경우에는 큰 낭패를 겪게 된다. 또한 각 광고제작물별로 특성이 있기 때문에 영상의 초 수, 지면의 길이 등을 파악하고 그에 맞는 길이의 카피를 작성해야 하는 것도 중요하다.

카피라이터가 되는 문은 좁다. 되고 싶은 사람은 많은 데 비해 채용되는 자릿수가 작기 때문이다. 카피라이터가 되기 위해 광고아카데미에서 수강을 하기도 하고 전문 강좌를 듣기도 하지만 그것만으로는 역할이 다듬어지지는 않는다. 카피라이터야말로 자신을 증명해 보여야 하는 자리다. 그러기 위해서 특별한 이력들을 쌓는 것도 하나의 방법이 될 수 있다. 책을 내거나 작가로 활동하거나 광고공모전에서 아이디어로 승부해 실력을 입증해 보이는 노력들이 필요하다. 또 남성만큼이나 여성의 비중이 큰 직업으로 다양한 글쓰기 활동을 병행하면서 입지를 강화할 수 있는 직무이기도 하다. 하지만 이 역시 부단한 노력이 뒤따라야 한다. 또한 트렌드에 누구보다 민감해야 하고 소비자들의 심리에 대해 정확한 이해가 필요하다.

카피라이터는 기본적으로 글을 쓰는 직업이기 때문에 주로 국어국문과를 비롯한 어문 계열 학과나 문예창작과를 전공한 사람들이 제법 많다. 하지만 앞서 언급한 대로 단순히 글을 잘 쓰는 것으로 다인 역할이 아니기 때문에 다양한 분야의 전공자들이 카피라이터를 하고 있다. 이를테면 심리학과, 신문방송학과, 디자인 계열 학과, 심지어는 공대 출신도 있다. 카피라이터 역시 만들어진다고 생각한다. 여러 광고주의 상황을 이해하고 분석하는 일부터 콘셉트를 짜고 다양한 아이디어와 카피를 만들어내는 것은 그 자체로 부담이며 때로는 수십, 수백 번의 제안을 통해서 완성되기 때문이다.

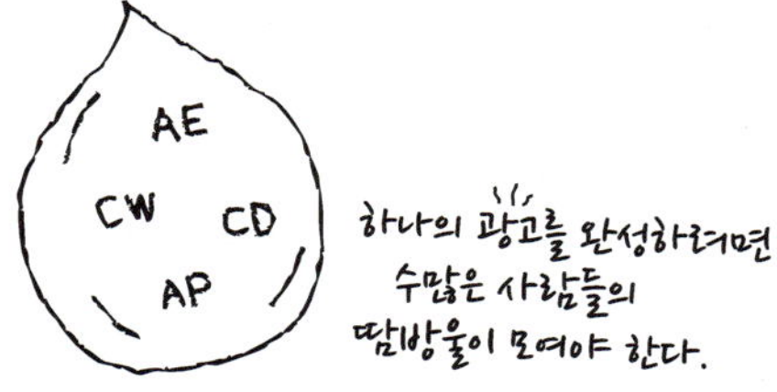

AD는 무슨 역할이고
어떻게 준비하면 되죠?

아트디렉터(Art Director)는 상업적 메시지를 광고전략에 입각한 시각언어로 만드는 작업을 주로 하는 비주얼 전문가다. 카피라이터와 긴밀한 파트너십을 이루면서 함께 아이디어를 만들어내고, 섬네일 광고시안 준비작업을 지휘, 감독하는 일을 한다. 아트디렉터는 단순하게 비주얼을 뽑아내는 기능공이 아니다. 아트디렉터 또한 전략적 마인드를 가진 비주얼 아이디어맨이어야 한다. 카파라이터가 100장의 사진보다 더욱 강력한 한 줄 또는 한 마디를 만드는 사람이라면, 아트디렉터는 반대로 한 권의 소설보다 더욱 강력한 한 장의 비주얼을 만드는 사람이다. 이름 그대로 광고와 관련한 아트를 디렉팅할 줄 알아야 한다.

아트디렉터는 연차가 낮을 때 디자이너로 일한 사람이 많다. 다양한 광고제작물의 비주얼 콘셉트를 만들어내고 이를 공중파, 인쇄, 온라인 영상 등 각각의 비주얼로 풀어낸다. 한 컷의 인쇄광고를 만들기 위해서 수십, 수백 장의 참고자료를 찾아 회의실 벽면에 빼곡히 붙이고 콘셉트별로 회의를 하기도 하고 국내외 사례를 뒤져서 영상의 톤앤매너(Tone&Manner)에 맞는 새로운 기법의 영상화법을 고민하기도 한다.

보통 회의 때는 연필로 스케치를 해 비주얼에 대한 아이디어를 내며, 영상의 콘셉트를 잘 표현하기 위한 효과적인 방식을 프로덕션과 함께 고민하기도 한다. 카피라이터가 뽑은 카피를 가장 적절히 표현해내기 위해 인쇄광고에서는 레이아웃을 독창적으로 표현해 보이기도 하고 영상에서 스토리와 장면의 구성을 심도 있게 살펴보기도 한다.

아트디렉터는 대부분 디자인 전공자들이다. 하지만 다른 전공이라 하더라도 디자인 툴에 대한 기본적인 이해와 숙련도가 있다면 지원이 가능하다. 광고회사는 결과적으로 광고를 잘 만들 수 있을 것 같은 사람을 뽑고 그가 잘 만들 때까지 숙련시키며 잘 만들 때 더 많은 보상을 해주는 시스템이다. 따라서 디자이너가 연차가 쌓이고 숙련되면 아트디렉터가 될 수 있다.

아트디렉터가 되기 위해서는 비주얼적인 감각이 뛰어나다는 것을 입증해야 하므로 대학생 때 광고공모전의 수상경력은 중요한 요소로 작용한다. 또한 포트폴리오로 정리된 비주얼 표현능력을 높이 산다. 따라서 작은 과제물이나 졸업작품도 신경 써서 잘 만들어놓는 것이 중요하다. 비주얼을 광고적으로 응축하고 표현하는 것은 대단히 중요한 일이기 때문에 이러한 능력을 키워나가는 것은 필수이며, 광고아카데미 등 광고 관련 교육을 받을 수 있는 곳에서 실력을 키우는 것도 좋은 방법이다.

소비자의 시선을 단박에 사로잡는 비주얼은 아트디렉터의 오랜 고민에서 나온 결과다. 눈에 보이는 것 이상의 의미를 끌어내기 위해서 불면의 밤을 수도 없이 맞이해온 사람들이 바로 아트디렉터다.

MP는 무슨 역할이고
어떻게 준비하면 되죠?

미디어 플래너(Media Planner)는 광고기획에서 전략의 방향을 토대로 제작된 광고물을 소비자에게 효과적으로 도달시키기 위해 계획을 세우는 매체 전문가를 말한다. 아무리 전략적이고 크리에이티브한 광고가 제작되었다고 해도 그것을 소비자에게 효과적으로 전달하지 못한다면 무용지물에 가까울 것이다. 따라서 광고는 어떤 매체를 통해 전달되느냐가 매우 중요한 조건이다. 효과적인 매체 선택에 따라 커뮤니케이션 효과가 크게 달라질 수 있으며, 캠페인의 성패가 좌우되기도 한다. (많게는 광고예산의 80~90%를 매체비로 사용하는) 광고주에게 가장 효과적인 매체를 선정해 스케줄을 제시하는 사람이 미디어 플래너다.

미디어 환경이 빠르게 변화하면서 미디어 플래너의 역할은 더욱 중요해지고 있다. 그 역할을 이해하기 전에 먼저 광고매체에 대해서 살펴볼 필요가 있다. 광고매체란 광고 메시지를 전달하는 매개체를 말한다. 광고소재를 걸거나 트는 곳으로 TV, 신문, 잡지, 온라인 포털사이트, 라디오, 지하철, 버스, 옥외 등이 있다. 이들 광고매체는 모두 매체 비용을 받고 광고를 부착하거나 틀게 해준다. 따라서 어디에 얼마만큼을 노출시켜야 광고가 소비자 타깃에게 도달하고 전달될지 분석해야 하는 정교함이 필요하다. 이를 위해서는 소비자의 동선이나 특성, 관심사 등을 파악해야 하며 이들의 시선과 마음이 움직이는 곳에 광고가 보이게 해야 한다.

광고매체가 광고를 노출할 수 있는 것이라 한다면 이보다 조금 더 들어가 비히클(Vehicle)에 대해서 알아야 한다. 비히클은 광고가 게재될 수 있는 더 세분화된 스폿(Spot)을 말하며 TV의 경우 특정 프로그램, 라디오인 경우 특정 시간, 인쇄광고의 경우 특정 지면을 말한다. 즉, 소비자가 해당 매체의 광고를 접하는 특정 순서나 시간, 지면을 말하며 〈9시 뉴스〉, 〈개그 콘서트〉, 〈동아일보 31면 하단〉 등이 비히클에 해당한다. 인기 프로그램, 인기 기사 등 이들마다 비용이 제각각이기 때문에 타깃에 가장 광고효과가 높은 비히클을 합리적인 비용으로 구매하고, 광고예산을 효과적으로 활용해 소비자에게 광고를 전달하는 것이 미디어 플래너의 역할이다. 즉, 주어진 예산의 범위 내에서 가장 효과적인 매체를 선정하고 이들에게 가장 효과적인 비히클을 찾아 구매해 광고효과를 극대화시킨다.

미디어 플래너의 주요한 임무는 광고매체 예산을 수립하는 일이다. 그리고 컨펌된 광고주의 매체비를 토대로 가장 효과적인 광고미디어믹스와 스케줄을 짜는 것이며, 광고집행 시 이상 없이 광고가 실행되도록 관리한다. 또한 광고가 종료되면 그 기간 동안에 광고효과를 보고서로 작성한다. 여기에는 경쟁사의 광고비 현황, 광고 도달률, 광고 성과지표 등을 종합적으로 정리하고 다음 광고집행 시 개선되어야 할 점이 있다면 반영한다. 보고서 작성을 위해 외부 전문기관인 닐슨, HRC, TNmS, KADD 등 시청률과 여론조사 도움을 받은 자료를 활용한다. 이를 토대로 광고주에게 보고가 이루어진다.

미디어 플래너는 미디어에 대한 기본적인 호기심과 충분한 지식이 있어야 하며 이를 근거로 데이터를 정리할 수 있는 문서작업에 능해야 한다. 마케팅과 소비자에 대한 기본 이상의 이해도가 있어야 하며 설득과 커뮤니케이션, 외국어능력도 있으면 유용하다. 또 수치에 대해 밝아야 하는데, 데이터를 바탕으로 하는 업무가 많아 과학적이고 통계학적인 면모가 필요하다. 따라서 통계학, 전산학, 경제학 등의 전공자들이 되는 경우가 많지만 딱히 전공에 국한되지는 않는다.

그렇다면 미디어 플래너는 창의적인 일은 하지 않을까? 아니다. 미디어 플래너는 미디어 전문가로서 경쟁 P.T에 참여해 광고주에게 미디어 전략을 제시하고 광고집행 전 아이디어가 넘치는 크리에이티브 광고와 미디어를 적절히 결합, 접목시킨다. 그러므로 새로운 광고 플랫폼을 제안하는 것도 미디어 플래너의 역할이라 볼 수 있다.

미디어 플래너는 광고회사에서 가장 전문성이 뚜렷한 집단이다. 광고비 예산을 다루는 일을 하는 만큼 신중하고 한 푼이라도 효과적으로 사용되도록 집중하기 때문이다. 또한 뉴미디어 시대에 항상 새로운 미디어에 관심을 가지고 연구해야 한다. 이처럼 미디어 플래너는 광고회사에서 중요한 존재이며 업무상 복잡해 보이지만 가장 효율성을 추구하는 역할을 담당하고 있다.

CD는 무슨 역할이고
어떻게 준비하면 되죠?

크리에이티브 디렉터(Creative Director)는 말 그대로 광고제작물의 책임자를 뜻한다. 제작팀의 카피라이터와 아트디렉터를 팀원으로 두어 제작의 방향을 정하고 이를 추진하며 최고의 제작물이 나오도록 관리하는 사람이다. 크리에이티브 디렉터는 크리에이티브 부문에서 가장 상위의 직위로, 광고표현 전체를 총괄하기 때문에 권위가 있지만 그에 따른 모든 책임을 지는 자리이기도 하다. 광고회사에 입사한다고 해서 모두 크리에이티브 디렉터가 될 수 있는 것은 아니다. 기본적으로 광고제작을 오랜 기간 동안 담당하면서 쌓인 노하우를 토대로 제작팀을 리드할 수 있을 때 비로소 주어지는 자리다. 때문에 크리에이티브 디렉터는 광고회사의 제작일을 하는 카피라이터 출신이 되기도 하고 디자이너 출신이 맡기도 한다. 드물게는 광고기획자가 자신의 적성을 제작으로 두어 팀을 옮기고 일하다가 크리에이티브 디렉터가 되는 경우도 있다.

우선 크리에이티브 디렉터는 최선의 아이디어를 선택하는 사람이고, 또 그 아이디어를 광고주에게 파는 사람이다. 그러므로 좋은 크리에이티브 디렉터는 광고주와 소비자 모두를 만족시킬 수 있는 아이디어를 제대로 골라낼 수 있는 선별안과 그 아이디어를 광고기획자와 광고주에게 팔 수 있는 세일즈맨십을 동시에 가지고 있어야 한다.

크리에이티브 디렉터는 마케팅에 기본적 이해가 있어야 하며 이를 아이디어로 표현할 수 있는 숙련된 자질이 있어야 한다. 때로 광고기획자와 카피라이터 그리고 아트디렉터가 아이디어의 방향을 잡지 못하고 있을 때는 이를 해결할 방향을 제시하기도 하고, 이들 안에서 발견한 좋은 아이디어가 있는 경우에는 아이디어를 다듬어 최상의 상태로 광고주에게 팔기도 한다. 이처럼 크리에이티브 디렉터를 중심으로 하는 광고회사의 CD 시스템은 크리에이티브한 아이디어 작업에서부터 실행(Execution)에 이르기까지 광고창작 작업 전반에 대한 책임과 권한을 크리에이티브 디렉터에게 집중시켜 최상의 제작물을 만드는 제도이다.

크리에이티브 디렉터는 광고제작물에 대한 전반적인 고민을 아울러야 한다. 제작물이 단순히 좋다고 하여 쉽게 제작을 진행해서는 안 된다. 다양한 경험을 토대로 제작비용이 현실적인지, 실현 가능한 아이디어인지, 저작권이나 모델계약 이슈는 없는지, 사회적으로 문제는 없는 아이디어인지, 광고주의 마케팅 과제를 해결해줄 수 있는 것인지, 소비자들의 마음에 남을 수 있는 것인지 등을 전반적으로 확인하고 제작팀원들과 제작을 진행한다. 그리고 이렇게 나온 제작물을 가지고 광고주에게 직접 설명하며 설득하는 과정을 거치기도 한다. 또한 내부 제작이 아닌 경우 프로덕션과의 미팅, 감독과의 의견 조율을 통한 최상의 결과물에 대한 고민 등 내외적으로 다양한 면을 챙기고 관리하며 책임을 진다.

크리에이티브 디렉터가 되는 방법은 광고회사의 제작팀에서 오래 경험을 쌓는 일이다. 카피라이터라면 광고제작물의 중심이 되어 일하려는 욕심이 있어야 하고 디자인을 보는 감각을 길러서 전반적인 제작능력을 두루 키워가는 것이 중요하다. 또한 커뮤니케이션 능력을 키워서 누군가에게 제작의도를 설명하거나 이해시키는 일에 막힘이 있어서는 안 된다. 디자이너의 경우 아트디렉터를 거쳐서 카피는 물론 영상에 대한 부분들을 두루 섭렵하고 전체적인 제작물에 대한 이해와 향상을 위한 노력을 쌓아가야 한다. 제작물은 결국 팀으로 함께 완성해가는 작업인 만큼 사람들과의 소통에 능해야 하고, 서로의 잠재력을 끌어올려주는 일에도 최선을 다해야 한다. 이러한 경험들이 쌓이면 회사에서 광고책임자인 크리에이티브 디렉터를 선정할 때 가장 먼저 기억되는 얼굴이 될 것이다. 오랫동안 광고를 제작한다고 해서 누구나 크리에이티브 디렉터가 되는 것은 아니지만 적어도 오래 일한 경력을 기반으로 올라야 하는 자리임은 분명하다. 크리에이티브 디렉터가 되기 위해서는 다방면의 이해와 노력이 필요하다. 광고의 전반적인 것을 이해해야 하며 더 나아가 광고업계의 흐름과 소비자 트렌드 등 무엇 하나 쉽사리 놓쳐서는 안 된다. 그렇기 때문에 가장 부단히 노력해야 유지되는 자리이기도 하다. 단순히 권위를 지키려고만 한다면 당장 더 좋은 퀄리티의 광고제작물을 만드는 것에 한계를 만나게 될 것이다. 왜냐하면 함께 팀을 이루어 제작하는 팀원들 간의 호흡이 무척이나 중요한 자리이기 때문이다. 사람에 대한 이해와 더불어 팀원 개개인의 잠재력을 끌어올려주고 항상 최선을 다해 고민하며 마지막까지 다시 생각해보는 것이 크리에이티브 디렉터의 자리라 생각한다. 겉으로 보기에는 멋진 위치라 할 수 있지만 언제나 새로운 시도 안에서 많은 책임을 져야 하기 때문에 그 부담과 책임 또한 상당하다고 할 수 있다.

광고인을 향한
꿈으로 한 걸음

　　어릴 적 꿈에 대해 생각할 때면 내가 잘하는 것은 무엇인지, 내가 하고 싶은 일은 무엇인지 막연하게 생각만 했었다. 그러다 고등학교 1학년이 되면서 나는 그 해답을 찾았고, 광고 카피라이터의 꿈을 갖게 되었다. 그런데 광고 카피라이터에 대해 전혀 아는 것이 없었던 내가 기댈 수 있는 것은 학교에서 받는 직업 상담뿐이었다. 하지만 기대도 잠시, 어쩌면 광고인에 대해서 나보다도 잘 알지 못했던 당시 선생님이 해주신 조언은 "광고는 머리가 좋은 사람들이 하는 것이니 열심히 공부를 해야 한다"였다. 그때 느꼈던 허탈감이란……. 지난 시절 겪었던 그 아쉬움을 달래기 위한, 광고인을 준비하는 가장 좋은 방법은 광고회사에서 하는 일이 무엇인지 그리고 광고인은 어떤 사람들인지를 머리로나 정서적으로나 제대로 이해하는 일이다. 그리고 그것을 알려줄 누군가가 필요하다고 생각했다. 그래서 어디선가 광고인을 꿈꾸고 있을 그 누군가를 위해 이 책을 쓰고 있는 것이기도 하지만.

　　현재 광고인을 꿈꾸고 있다면 한번쯤 직접 광고인을 만나보는 것은 어떨까? 주변에 광고인이 있다면 쉽게 다가설 수 있겠지만 그렇지 않은 경우는 추천이나 검색 등을 통해서 온·오프라인 관계없이 자문을 구하고 찾아가보는 것도 방법이다. 무슨 일이든 스스로 구하는 자가 모든 것을 얻을 수 있다. 광고인도 사람이기 때문에 만나고자 노력하면 불가능한 일이 아니다. 가장 손쉬운 방법은 블로그나 SNS를 통해 광고인에게 직접 연락해보는 것이다. 초면이라 망설여진다 해도 진정성 있게 자신을 소개하고 꿈에 대한 이야기를 꺼내며 만나길 희망한다면 광고인이 바쁘긴 해도 딱히 거절할 이유는 없을 것이다. 특히 몇 다리만 걸치면 아는 좁은 대한민국이기에 직접 아는 광고인이 없을지라도 지인을 통하면 어렵지 않게 만날 수 있다. 온라인으로도 여의찮다면 오프라인에서 찾아보자. 광고가 있는 곳, 광고인이 있는 곳으로 가보자. 대학생이라면 광고 관련 학과를 전공으로 택해 선배들 중에서 찾거나 혹은 관련 학과가 아니라고 해도 학교 내에 있는 광고동아리라든지 학교 외부에 있는 광고동아리를 찾아가 활동하면 된다. 하지만 그보다 어린 경우라면 광고 관련 강연이나 책의 저자를 만나는 것이 좋다. 광고 관련 특강은 검색해보면 어렵지 않게 찾을 수 있고, 강의를 듣고 난 후에 정중히 찾아가 자기소개를 하고 명함을 부탁하면 줄 것이다. 그리고 이메일을 통해서 평소에 궁금했던 점을 묻거나 간단히 미팅을 하고 싶다고 청하고 괜찮은 시간에 회사로 찾아가면 된다. 혹 광고인이면서 광고 책을 낸 저자라면 책을 잘 읽었다고 하고 한번 만나서 광고와 관련해서 물어보고 싶다고 정중히 요청을 해보는 것도 방법일 것이다. 그가 쓴 책을 미팅 때 가지고 가서 사인도 받아보자. 한결 좋은 분위기에서 많은 대화를 나눌 수 있을 것이다.

이외 광고공모전, 광고회사의 인턴 등에 적극적으로 지원해서 광고인을 자연스레 만나는 경우도 있다. 이렇게 만나면 더 많은 것을 알게 될 것이고 궁금한 점을 물어보면 모두가 친절히 답을 해줄 것이다. 광고에 대한 환상도 적절히 깨주는 친

절한 조언들을 들을 수 있다. 최소한 자신이 가고 싶은 광고인의 길에 대해서 조언
해줄 사람을 직접 만나서 적극적으로 물어보는 자세를 지녔다면 이미 광고인에
대해 한 발 더 다가선 것이나 다름없다. 학생의 특권은 바로 이런 것에 있으므로
망설이지 말고 손을 뻗어보도록 하자.

이렇게 이야기를 했지만 용기를 내는 것부터가 쉽지 않을 것이다. 그래서 이 책
을 통해 최대한 청소년의 시각에서 궁금해하는 질문에 대한 답을 해주고자 노력
했다. 마치 눈앞에서 이야기하는 것처럼 진솔하게 정리하고자 하니 편안한 마음
으로 차 한 잔을 준비해서 마시며 읽어주면 더 좋을 것 같다.

광고가 하고 싶은데 어떻게 준비하면 좋을까요?

겉이 화려하다고 그 속까지 화려할까. 우리는 여행지에 가서 에펠탑과 만리장성을 보며 감탄한다. 밤에 보아도 멋있고 낮에 보면 더욱 웅장하며, 업적은 찬란하고 후세까지 명성이 자자하다. 하지만 그것은 그 건축물의 결과일 뿐이다. 그 과정을 생각해보면 엄청난 에너지와 고통이 수반된 작업이었을 것이다. 누군가는 생명을 잃기도 하고 더위와 추위를 견디며 일했을 것이다. 아마도 사랑하는 가족의 얼굴도 보지 못한 채 일하다가 잊힌 슬픈 사연이 있을지도 모를 일이다. 비약이 심한 표현일 수도 있지만 광고를 만드는 일도 그러한 과정과 닮아 있다.

우리는 TV나 온라인에서 보는 재미있는 광고와 영상을 보며 마치 예술의 한 형태를 감상하듯 가슴이 뛸지 모른다. '나도 저런 광고를 만들어 세상으로 내보낼 수 있다면 얼마나 멋질까' 하는 상상으로 말이다. 그러나 분명 그 광고는 마지막 편집과 컨펌으로 마침내 재미와 감동을 담아낸 것일 뿐, 그 과정에는 여러 의견 충돌과 급한 일정에 따른 야근, 혹시 모르는 제작비에 대한 불편함을 감수하거나 누군가의 실수로 과정상의 큰 어려움이 있었을지도 모른다. 이처럼 상상하는 광고와 실제 광고를 만들며 겪는 것에는 큰 차이가 있고, 그렇기에 광고를 만들고 싶다면 광고가 왜 좋은지, 과연 광고란 무엇인지에 대해 더 깊이 고민해봐야 한다.

왜 광고란 것을 만드는 데 내 청춘을 바치면서까지 직업으로 삼아야 하는지 정리가 되어 있지 않다면 반드시 혼란이나 슬럼프가 찾아온다. 단순히 '광고가 좋아서'라는 생각으로 이력서를 보내고 면접을 준비했다면 가장 먼저 "광고가 왜 하고 싶죠?"라는 면접관의 질문에 봉착할 것이다. 그러므로 광고가 하고 싶다면 무엇이 광고이고 왜 내가 광고를 해야 하는지 파악하기 위해 다양한 자료조사 혹은 책이나 강연을 통해서 느끼고 체험해야 한다. 광고라는 것이 겉보기에 화려하고 멋지게 포장되어 있어 낭만적인 것이라고 착각하게 될지 모르기 때문이다.

무엇보다 광고의 특징을 잘 알아야 한다. 광고는 기본적으로 널리 알리는 행위다. 광고주의 제품이나 서비스를 소비자들에게 알리고 구매를 연결하는 일이다. 하지만 단순히 알리기만 한다고 해서 소비자들이 그 제품과 서비스에 관심을 가질 리 없다. 그래서 광고인은 더 창의적이고 새로운 방법으로 광고를 만들어 소비자와의 접촉을 시도한다. 또 광고는 다양한 지식이 필요한 산업이다. 한 산업에 대한 이해가 바탕에 깔리면 직업에 대한 철학이 세워지기 마련이다. 좋은 광고와 나쁜 광고를 보는 기준이 생겼을 때 자신은 어떤 광고를 만드는 것이 꿈인지 목표를 세우고 이를 준비하게 될 것이다. 이후에는 모든 광고정보를 통해 광고동아리, 광고아카데미, 광고회사의 인턴십, 광고공모전 등 광고인의 길을 두드려보고 적극적으로 그 문을 열어봐야 한다. 광고업계의 좁은 취업 문을 통과하기란 정말 어려운 일이며 스스로 납득이 될 만큼의 노력 없이는 제대로 길이 열리지 않을 수도 있다.

처음부터 메이저급 광고회사를 목표로 두는 것도 좋지만 현실적으로 여의찮을 때는 독립광고회사 중에서 실력 있는 곳으로 가서 일해보길 권한다. 큰 광고회사의 시스템과 연봉, 높은 복지제도는 강점이지만 광고업에 대한 본질을 배우기에는 많은 인원과 시스템으로 인해 제대로 배울 수 없는 경우가 많다.

광고인이 되고 싶다면 광고인처럼 살아야 한다. 더 많은 광고를 보고 이해하면서 직접 만들어보고 부딪치며 아마추어지만 프로가 될 때까지 거듭 노력한다면 언젠가 그 열정과 노력을 이해하는 좋은 광고회사를 만나게 될 것이다. 광고회사의 문턱을 넘기란 쉽지 않지만 노력하는 사람, 열정적인 사람에게는 반드시 기회가 올 것이다.

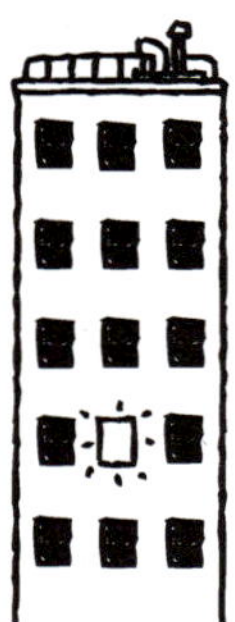

청소년 때 쌓아야 하는
기본적인 소양은 무엇이 있나요?

청소년 시기에는 생각의 그릇을 넓힐 준비가 필요하다. 아직 모르고 있는 세상의 지식을 최대한 많이 담고 채워가야 한다. 기본적으로 학교수업에도 충실해야 하고 자아에 대해서도 고민하고 수많은 지식의 다양함을 맛보며 스스로가 어떤 것을 좋아하는지, 잘하는지 혹은 싫어하거나 못하는지를 파악하는 과정이 필요하다. 그러면서 자신만의 기준을 쌓고 당연한 것들에 반론을 제기하며 본질에 대한 것을 충실히 살필 수 있는 눈을 키우는 것이 좋다. 생각보다 금방 어른이 되어버리기 때문이다. 학생 때에는 어른을 동경하고 세상에 금지된 것들에 큰 호기심이 생겨 '학생이라는' 현재에 충실한 학생이 별로 없다. 그러다보니 그 시기에 쌓아야 할 지식이 부족한 것이 아쉽다. 물론 대학생이 되고 더 자유롭게 원하는 전공을 찾아 공부해나가겠지만 보편적인 상식이나 폭넓은 지식은 고등학교 때까지의 교육을 통해 이뤄지기 때문이다.

광고인은 많은 상식에 능통해야 한다. 광고인이 평생 광고일을 하면서 만나게 될 브랜드는 실로 다양하다. 남성이면서도 생리대, 화장품, 분유, 젖병 광고를 맡아야 하는 순간이 즐비하고 금융, 자동차, 패션, 여행, 전자제품 등 수없이 다양한 제품을 광고해야 한다. 그런 상황에서 기본적인 상식이나 지식이 결여되어 있다면 광고주가 원하는 수준으로는 브랜드나 제품 이해가 어려워질 수 있다. 또한 아이디어라는 것은 기존에 있는 것들의 새로운 조합이기 때문에 깔려 있는 지식 자체가 부족한 경우 더 깊이 있고 참신한 아이디어가 나올 확률이 줄어든다. 따라서 청소년이라면 현재 배우고 있는 공부를 잘해야 한다. 그렇다고 해서 1등이 되어야 하는 것은 아니다. 보편적인 지식을 스스로 내 것으로 만들고 중상위권의 성적으로 성실히 교과과정을 이수하는 것이 필요하다.

또한 지식이라는 것, 감수성이라는 것은 청소년기에 더욱 민감하다. 따라서 답답하게 학교와 학원 그리고 참고서나 문제집에만 얽매어 있어서도 곤란하다. 더 넓은 세상을 수시로 경험하고 느낄 수 있어야 한다. 집안의 경제적 여건이 된다면 많은 여행을 떠나볼 것을 권유하고 싶고 영화와 음악, 전시회 등도 학생 때부터(학생의 관람비용은 더 저렴하기도 하다) 많이 보는 것이 좋다. 광고는 예술이 아니다. 철저히 상업적이고 목표를 이뤄내는 방식으로서의 유사 상업예술이다. 소비자가 감성적으로 받아들이기 위해서는 끌림이 있어야 하므로 이것을 읽어내고 표현하는 것은 광고인의 기본적인 감성 중 하나일 것이다. 이는 고전예술과 대중예술을 망라한다. 그렇기에 산지식, 경험을 많이 필요로 하며 청소년기의 감성적 더듬이로 눈을 틔워가는 것이 중요하다.

청소년기에 크고 작은 새로운 시도를 해보자. 참여할 수 있는 대회나 행사에도 나가보고 창의력을 개발하고 고민이 필요한 일들을 적극적으로 경험해보는 것도 방법이 될 것이다. 그러면서 내 안에 감춰진 재능을 발견하게 되고 어떤 일을 할 때 즐거운지 아닌지 깨닫게 될 것이다. 수박씨는 수박이 되고, 사과씨는 사과가 되듯이 청소년기부터 나의 가능성이 무엇인지 깨닫고 광고의 여러 역할을 살펴본다면 마치 퍼즐이 맞춰지듯 예비 광고인으로서의 성장한 자신을 발견할 수도 있을 것이다.

청소년 때 광고에 대해 배울 수 있는 곳은 없나요?

아쉽게도 한국 광고의 역사가 길지 않기 때문에 청소년 시기 광고인을 꿈꾸는 이들이 마음껏 광고에 대해서 배울 수 있는 기회가 매우 제한적인 편이다. 하지만 광고동아리, 국제광고제 등에서 광고캠프라든지 광고세미나 등을 열어서 청소년들에게 광고인의 꿈을 심어주고 광고에 대해서 맛볼 수 있게 해주는 기회들이 새록새록 생겨나고 있다. 우리나라에 최초로 생긴 대학생 연합 광고동아리 애드파워가 예비 광고인을 대상으로 매년 개최하는 '애드캠프'가 그 예이다. 고등학생을 대상으로 진행되는 '애드캠프'는 광고를 사랑하는 대한민국 예비 고등학생과 예비 대학생이라면 누구나 참여가 가능하다.

이를 주최한 애드파워에 대해 소개하자면, 1989년 탄생한 국내 최초의 대학생 연합 광고동아리로 서울·경인지역 대학생들 약 100여 명이 모여 활동하고 있으며 2001년 애드캠프 1회 개최를 시작으로 매년 1, 2월에 주니어 애드캠프를 진행해왔다. 애드캠프는 국내 최초로 대학생들이 고등학생 참가자를 대상으로 기획한 광고캠프이며, 기업의 홍보나 이익 창출을 목적으로 한 여타 캠프와는 달리 대학생들이 직접 기획 및 진행하는 재능기부형 캠프다. 애드캠프의 일정은 광고제작과정 전반에 대한 교육과 현업 광고인 특강을 통한 실무의 이해, 마지막으로 광고제작의 전 과정을 직접 기획, 제작해보는 PBC 활동 등으로 이뤄져 있다.

대학생 연합 광고동아리 애드파워에서 주최하는 '애드캠프' 안내

• 행사 진행 일정: 매년 1~2월, 애드파워 홈페이지 공지

• 행사 참여 정원: 총 100명

• 참가 신청 방법: 애드파워 홈페이지의 '애드캠프' 란에서 지원서를 받아 작성 후 이메일로 발송

• 애드파워 홈페이지: http://www.adpower.x-y.net/

• 애드캠프 페이스북: https://www.facebook.com/jr.adcamp

이외에도 부산국제광고제에서 진행하는 고등학생 대상의 광고캠프가 2014년부터 개최되고 있다. 부산국제광고제 조직위원회는 창의력과 아이디어 개발이 필요한 전국 고등학생을 대상으로, 광고를 배우고 재미있게 창의력을 키우는 캠프를 1박 2일간 진행한다. 이 고등학생 대상의 광고캠프 정식 명칭은 '부산국제광고제 창조캠프'이며 창의력의 요체인 광고 크리에이티브를 바탕으로, 창의적 솔루션을 공유하고 우수한 창의 아이디어에 대해 시상하는 일종의 고등학생 대상 경연 프로그램이다. 이를 위해 국내 대표 광고회사에서 광고인으로 활동 중인 제일기획, 대홍기획, HS애드 출신의 광고인 등이 강사로 나서며 이들은 학생들에게 창의력 개발 및 아이디어 발상법에 대한 강연과 함께 실제 아이디어를 어떻게 도출하는지에 대한 노하우를 전수하는 등 다채

로운 프로그램이 진행된다. 이번 창조캠프에는 서류심사를 통해 선발된 40개 팀 80명의 고등학생이 참가하며 강의 후 당일 출제되는 과제 해결을 위한 우수 아이디어를 제출한 팀에게는 별도의 상이 주어진다. 수상작으로 선정되면 참가자 전원에게 교육 프로그램 수료증을 수여하고, 부산국제광고제 기간 중 세계 유명 광고작품들과 함께 전시되는 영광이 주어진다.

부산국제광고제 조직위원회에서 주최하는 '부산국제광고제 창조캠프' 안내

- 행사 진행 일정: 매년 8월, 부산국제광고제 개막 후
- 행사 참여 정원: 40개 팀 총 80명
- 참가 신청 방법: 부산국제광고제 창조캠프 담당자에게 문의
- 부산국제광고제 홈페이지: http://www.adstars.org/

이처럼 고등학생을 대상으로 한 광고프로그램이 있으니 일찍부터 광고에 대한 관심이 있는 학생들은 참여하면 좀 더 깊이 있게 광고를 체험하는 중요한 기회를 얻게 될 것이다.

광고인이 되기 위해서는 앞서 말한 대로 다양한 지식이 축적되어야 하므로 청소년기에 많은 지식을 학업과 병행해서 쌓아야 한다. 그래야 긴 여정이 될 광고인의 길에서 지식적으로 지치지 않고 험난해 보이는 문제를 해결할 힘이 생기기 때문이다. 바닥이 깊은 지식을 토대로 한다면 미래의 더 좋은 광고인이 될 수 있을 것이다.

대학 진학 때 어떤 학과를
선택해야 할까요?

광고가 좋고 광고인이 되기로 확신이 섰다면 먼저 광고인의 여러 직무(Part 2 참고)를 살펴보자. 기본적으로 제작에 관심이 있고 그림을 그리거나 시각적으로 생각하고 이를 표현하는 데 재능이 있다면 디자인을 전공해서 디자이너로 첫 직무를 시작하면 된다. 평소에 이런저런 생각이 많고 이를 글로 표현하는 데에 기쁨을 느낀다면 어문 계열을 전공하고 카피라이터를 꿈꾸는 것은 어떨까. 큰 방향을 잡길 좋아하고 논리적이고 분석적인 것을 좋아하며 마케팅에 호기심이 있다면 광고기획자가 되기 위한 전공으로 경영, 광고홍보 등을 선택하면 무난할 것이다. 미디어 플래너가 되고 싶다면 경제학, 통계학 등 수치를 분석할 수 있는 전공이 직무와의 연관성 면에서 좋을 것이다.

학과를 선택할 수 있다면 좀 더 명문대에 진학하면 좋고, 전공도 원하는 직무와 연관성이 있는 것이 좋다. 하지만 생각보다 인지도가 낮은 대학, 일치하지 않는 전공을 선택했다고 하더라도 광고일을 하기에 어려운 것은 아니다. 학과의 선택은 참고사항일 뿐이다. 어떤 전공을 선택했든지 대학생활 동안 가장 광고를 잘할 수 있는 경험을 쌓고 열정적으로 광고를 잘 만들 수 있는 가능성이 있음을 증명해 보이면 된다. 그것이 어쩌면 스펙보다 중요한 이력이 될 것이다. 광고업무는 전문성을 축적해 하는 일이기 때문에 처음 시작이 어디인지보다는 궁극적으로 꾸준히 잘 해나갈 수 있느냐가 중요하다. 그러므로 주어진 조건 안에서 최적의 정보를 찾고 최선의 노력을 다해야 한다.

결국 광고인은 광고를 하면서 완성된다. 대학의 전공은 참고사항일 뿐 필수요소는 아니다. 대다수의 학생이 점수에 맞춰 대학교를 진학하고 전공은 생각보다 자신의 재능과 일치하지 않는 쪽으로 정해놓은 경우가 많다. 그래서 강연을 하거나 상담을 하면 꼭 빠지지 않는 질문이 "광고가 좋은데 광고 관련 전공이 아니라서 고민이다. 어떻게 해야 하는지를 알려달라"는 것이다. 그때마다 이야기하는 것은 "정말 광고가 하고 싶고, 이를 직업으로 삼고 싶은가"에 대한 물음이고, 그렇다고 대답한다면 현재 위치에 알맞은 조언을 해준다. 졸업을 앞둔 학생에게는 단기적으로 배움과 경험을 쌓을 수 있는 광고아카데미를 가보라고 권하며 그 이후에 광고회사의 인턴을 하라고 조언한다. 속전속결로 경험을 쌓는 것이 가장 유리하기 때문이다. 만약 대학 초년생이라면 아직 시간이 더 있으니 스스로 배우고 기회를 찾아보라고 조언한다. 어설프게나마 공모전에도 도전해보면서 진정 광고가 나의 길인지 다시 확인하는 작업을 해볼 것을 주문한다. 상상하는 광고인의 모습과 현실의 광고인은 많이 다르기 때문이다. 그럼에도 꿈을 놓지 않고 광고인이 되길 바란다면 이미 절반은 이룬 셈이나 다름없다.

광고라는 업무는 직접 하지 않으면 잘 알 수 없다. 그리고 한 번이라도 제대로 해본다면 앞으로의 모습을 그려볼 수 있게 된다. 하지만 어떤 회사에 들어가서 누구와 함께 일했느냐에 따라 너무도 확연히 다른 경험을 할 수도 있기에 오히려 가야 할 광고회사가 결정되지 않았을 때 두루 식견을 넓히고 광고회사도 조사하면서 취업을 준비한다면 더 좋은 선택을 할 확률이 높아질 것이다.

예비 광고인이라는
날개를 달고

대학생, 이름만 들어도 설렘이 느껴지는 단어다. '젊은 날에는 젊음을 모르고, 사랑할 땐 사랑이 보이지 않았다'는 어느 노랫말처럼 대학생 때는 그 젊음과 배움의 시기에 얼마나 큰 특권이 담겨 있는지 느껴지지 않는다. 거친 사회생활을 하며 그때를 다시 추억할 때 비로소 그 시절의 행복이 보일 것이다. 그렇기 때문에 광고인에 대한 꿈을 대학 새내기부터 꿈꿨다면 이를 충분히 누리면서 경험해볼 것을 권하고 싶다. 정말 하고 싶고 사랑하는 일도 본업이 되면 싫어질 수도 있고, 상상했던 것과 많이 다르다는 것을 경험하기 때문이다.

만약 지금 이 책을 읽는 시점이 대학 새내기인 1학년이라면 학교의 광고동아리나 대학생 연합 광고동아리 등에 들어가볼 것을 권하고 싶다. 생각보다 다양한 사람을 만날 수 있고 즐거운 추억도 쌓으며 광고를 경험해볼 수 있다. 물론 광고 쪽 지식을 전문적으로 가르치거나 실무 위주로 경험할 수 있는 광고동아리는 생각보다 힘들 수도 있다. 하지만 그 자체로 광고를 가장 먼저 쉽고 빠르게 접할 수 있다는 점에서 유의미한 경험이다. 아직 대학생으로 보낼 시간이 많이 남은 새내기 시절이기 때문에 대학생활 자체를 풍부하게 느끼며 광고를 접해볼 수 있는 것으로도 특별한 경험이 될 것이다.

대학 2학년이라면 조금은 구체적으로 광고업을 경험해볼 필요가 있다. 경험 삼아 광고 관련 아르바이트를 해보거나 광고 관련 책을 많이 읽고 공모전에 도전해보는 것도 좋다. 광고홍보학과라면 학과 수업에 좀 더 심화된 접근을 해보는 것이 필요하며, 광고홍보와 관련성이 적은 학과라면 학교 내의 광고홍보학과로의 전과나 복수·이중전공 등의 선택을 위해서 학점을 관리하는 것도 방법이다. 이를 통해 광고에 대한 기초적인 이해와 지식을 쌓아나가는 것이 중요하다.

3학년이 되면 광고일이 나와 맞는지, 내가 잘할 수 있는지 본격적인 자기검증 시간을 가져보는 것이 좋다. 공모전을 준비한다면 반드시 성과가 나오도록 최선을 다해야 할 것이며 광고회사의 인턴 기회가 있다면 어떻게든 잡아볼 것을 권한다. 본격적으로 광고인을 만나서 자문도 구해보고 광고전문기관의 교육을 받아본다거나 자기만의 진로를 구체화시켜놓는 것이 좋다. 이를테면 광고기획자가 될 것인지, 제작을 하는 카피라이터나 디자이너가 될 것인지를 정하는 일이다. 광고회사는 기본적으로 경력직을 선호한다. 입사와 동시에 바쁜 업무의 수고를 덜어주고 광고일들을 보다 효과적으로 해결해주길 기대하기 때문이다. 때문에 광고회사에 신입이 되어 들어가더라도 광고에 대한 태도와 열정, 경험이 많다는 것을 증명해 보일 수 있어야 한다. 그러므로 실체적 경험들과 이력을 쌓아가는 활동이 전략적으로 필요하다.

졸업을 앞둔 4학년이라면 이제는 실제 도움이 되는 것들이 필요하다. 학점이 부족하다면 평균치 정도는 만들어야 하고, 공모전에 나갔다면 성과가 있어야 한다. 기획을 하고 싶다면 제안서를 잘 써야 하고, 부족하더라도 흉내를 낼 수 있는 수준은 되어야 한다. 제작이 하고 싶다면 디자이너로서 툴을 잘 다뤄야 하고, 카피라이터를 꿈꾼다면 마케팅적인 글쓰기와 아이디어를 구체화시키는 일에 자신을 시험해보고 검증해야 한다.

누가 봐도 예비 광고인이라 봐줄 만큼 준비한다면 어떤 회사로든 들어갈 수 있다. 하지만 취업 전에 중요한 것은 자신이 일해보고 싶은 광고회사를 찾는 것이다. 광고회사와의 궁합이 입사 후 3년간 자신의 실력을 담보할 것이기 때문이다.

대학생 때 하면 좋은,
추천할 만한 활동은 무엇인가요?

광고인을 목표로 두고 있는 대학생들이 어떤 경험을 쌓으면 좋은지 물어올 때면 가장 먼저 광고회사의 인턴을 경험해보라고 말한다. 직접적으로 광고인 옆에서 광고란 무엇인지 체득하고 광고의 언저리에서 자신의 꿈을 비춰보는 것만큼 확실하고 좋은 방법은 없기 때문이다. 실질적인 경험이 생기면 어떤 길을 가는 것이 좋은지 답을 찾게 된다. 순도 높은 야근과 아이데이션(Ideation)에 참여할 수 있다면 광고를 만드는 삶에 아주 가까운 것을 체험할 수 있다. 하지만 광고회사의 인턴 기회를 잡기란 하늘의 별 따기인 듯하다. 그러므로 광고를 직간접적으로 느낄 수 있는 유사 경험들을 많이 쌓는 것이 중요하다.

대학생 때는 많은 기업이 대학생 서포터즈나 객원마케터 등 다양한 기회를 제공한다. 특히 객원마케터의 경우에는 거시적 관점에서 마케팅을 이해할 수 있게 해주고, 소정의 활동비도 제공해주기 때문에 좋은 기회라 할 수 있다. 그리고 그 안에서 다른 학교, 다른 전공의 친구들을 사귈 수 있는 것도 매력 중 하나다. 이러한 계기를 통해서 기업이 마케팅 활동을 하는 데 중점적으로 무엇을 염두에 두는지 무엇을 중요하게 생각하는지 등 여러 요소를 확인할 수 있다.

대학생 때는 모든 경험 자체가 다 자산이 된다. 사회에 나오면 누군가를 만나도 허물 없이 대하기가 쉽지 않지만 학생일 때는 그런 것 없이 인맥을 형성하기에도 아주 좋다. 함께 열심히 이런저런 활동을 하던 친구들이 각자 사회에 나오면 해당 분야의 전문가들로 성장하기 때문이다. 그 이후에 사회에서 만나면 한결 부드럽게 서로 도움을 주고받게 된다. 따라서 최대한 많이 만나고 많이 접하며 경험하는 것이 중요하다. 광고회사에서 직접 경험을 쌓을 수 없을 때는 그와 근접한 다양한 경험을 쌓는 것으로 그 빈자리를 조금씩 채워나갈 수 있을 것이다.

광고는 폭넓은 경험, 다양한 사람들에 대한 이해, 브랜드가 처한 환경, 제품이 판매되는 시점과 주요 타깃 등 다방면에 경험치가 높으면 높을수록 향후 광고인이 되었을 때 모든 것이 빛을 발할 것이다. 어쩌면 광고를 하기에 더 좋은 경험이란 딱히 광고에 대한 직접적인 경험이 아니라 유사하거나 더 폭넓은 경험들일지도 모른다. 광고를 제작할 때의 노하우나 세부적인 것들은 광고회사에서도 얼마든지 배울 수 있지만 개인의 감성과 지식, 체득화된 여타의 경험들은 오랜 시간 동안 축적해놓았다가 필요할 때 활용하는 것이기 때문이다.

공모전에서 수상하려면
어떻게 준비해야 하죠?

광고공모전은 기본적으로 보이지 않는 많은 응모자와의 경쟁이기 때문에 수상의 영예를 얻기란 쉽지 않다. 그 경쟁에서 살아남은 소수의 작품만이 수상이라는 이름을 가질 수 있는 구조다. 아이러니하게도 이것은 광고의 생리와 닮아 있다. 기본적으로 팀원을 선정하기 위해서 발로 뛰고 수소문하며, 팀원들과 여러 번 회의를 통해서 고민과 설득을 반복하고, 그중에서 합의된 하나를 선택해 완성도를 높이고, 만족과 불만족을 오가며 마감일에 쫓겨 광고물을 제출하고, 약간의 후회와 아쉬움 그리고 기대감을 갖고 결과를 기다린다. 그리고 수상하지 못하면 허탈해지고 마는 점까지 광고와 무척 비슷하다. 그래서 이런 과정을 조금이라도 더 겪어본 사람, 끝내 경쟁에서 성취감을 맛본 사람을 좀 더 프로에 가깝다고 인정하는 것인지 모른다.

광고공모전에서 수상하려면 우선 많은 시도를 해봐야 한다. 몇 번을 떨어지더라도 스스로 성장해나간다는 생각으로 임해야 한다. 떨어져본 경험이 있어야 그다음 도전부터 성장의 폭이 커진다. 처음부터 경쟁률이 치열한 곳보다는 작지만 성취감을 느껴볼 수 있는 곳부터 많이 도전해보는 것도 방법이다. 그러기 위해서는 공모전의 정보가 잘 정리된 잡지나 사이트 등을 검색하는 것이 좋다. 대학생인 경우는 〈대학내일〉이라는 잡지에 공모전 광고가 많이 실리는 편이며 온라인 포털사이트에 광고공모전을 검색해 보면 다수의 정보를 얻을 수 있다.

일단 광고공모전을 하기로 했다면 어느 분야에 도전할 것인지 정해야 하고 그에 맞는 인력을 팀으로 꾸려야 한다. 크게 나누어 기획서를 쓰는 '마케팅 광고공모전'과 인쇄, 온라인, 영상, 디자인 등의 제작물을 제출하는 '제작 공모전'이 있다. 아무리 좋은 아이디어라도 이를 직접 만들 수 있는 능력이 없다면 표현할 수 없고 제출하기 어려우므로 도전하기로 한 분야가 있다면 뜻이 맞고 실력이 좋은 멤버를 섭외해 함께 준비해야 한다. 주변에서 실력 있는 멤버를 구하는 게 마땅치 않다면 공모전 사이트에서 팀원을 선정한 후 함께하는 것도 좋다. 공모전은 당장 떨어져도 큰 손실이 발생하는 것이 아닌 만큼 실적 위주로 각오하고 진행해야 한다. 단지 친하거나 집이 가깝다는 이유로 진행했다가 사교 모임 수준으로 끝나는 경우가 많기 때문이다. 한번 시작했다면 가장 잘할 수 있는 방법을 택해서 최선을 다하는 자세가 필요하다.

보통 제안서를 작업해 제출하는 경우 1차는 제안서로 합격 여부가 결정되고 2차 본심은 프레젠테이션으로 진행된다. 본심 전에는 팀원들을 심사위원처럼 앞에 두고 정해진 시간에 얼마나 설득력 있게 설명할 수 있는지 여러 번의 사전 테스트가 중요하다. 어설프게 대본을 들고 읽으며 진행한다든지 긴장해서 말도 제대로 못하는 등 미숙한 태도를 보인다면 당연히 감점이 된다. 제안서 제출은 분석력, 논리력, 창의력, 설득력, 현실 가능성 등을 총체적으로 살피며 많은 준비와 고민이 필요한 만큼 광고제작 쪽보다는 경쟁률이 낮은 편이다.

반면에 제작물을 제출하는 경우에는 하나의 개별적인 작품을 응모해 결과 발표를 기다리면 된다. 시리즈인 경우 시리즈명을 표기해 제출하면 되며, 복수의 아이디어인 경우에도 다작 출품이 가능하다. 출품에는 해당 공모전에서 요구하는 양식이 있으며 이에 맞춰 마감 시간 내에 제출해야 한다. 제안서 제출보다 상대적으로 경쟁률이 치열한데 이는 심플하지만 임팩트 있는 아이디어 하나면 승부를 볼 수 있다는 장점 덕분에 참여율이 높은 편이기 때문이다.

공모전을 잘 준비하는 방법으로 조언하고 싶은 것은 역대 수상작들을 눈여겨보라는 점이다. 수상작들을 보면 어떠한 감각으로 작업했는지, 어떤 아이디어가 유효한지 일종의 감을 잡을 수 있다. 그것 이상의 기준을 두고 작업한다면 수상에 좀 더 가까워질 것이다. 그리고 마지막까지 타협하지 않는 디테일함이 퀄리티를 높이는 데 중요한 역할을 할 것이며, 결과적으로 다른 공모전의 작품과 차별화된 우위를 가질 수 있게 될 것이다.

무엇보다 중요한 것은 많은 도전이다. 시도가 많으면 배우는 것이 많고 포기하지 않으면 좋은 결실을 맺게 된다. 이러한 생각을 기반으로 최선을 다하면 어제보다 더 나은 실력을 기르게 될 것이다.

어떤 광고회사가
좋은 광고회사인가요?

광고인이 되고 싶은 구직자 입장에서도 어떤 광고회사가 좋은 광고회사인지 궁금할 테지만 아마도 더 궁금해하는 쪽은 광고주일 것이다. 광고주 역시 정해져 있는 마케팅 예산과 스케줄 안에서 얼마만큼 최선의 광고가 나올지 모르기 때문에 좋은 광고회사를 찾는 것에 매우 관심이 많다. 광고제작물이 그 회사의 결실이라고 보면 대개 과정이 좋아야 결과가 좋기 때문에 광고제작물을 통해 일하는 방식이나 맨파워 등을 짐작해볼 수 있다. 그러므로 쉽게 생각해보면 좋은 광고를 만드는 회사가 좋은 광고회사라는 뻔하지만 본질적인 이야기를 하게 된다.

좋은 광고회사를 알고 싶다는 학생이나 취업준비생에게는 간단한 비유를 들어 답해준다. 좋은 나무는 좋은 열매를 맺는 법이다. 광고회사의 좋은 열매는 좋은 광고(포트폴리오)이기 때문에 만약 어느 회사의 구직정보를 발견하게 되었다면 검색을 통해서 블로그나 홈페이지를 들여다보고, 어떤 광고를 만들어왔는지 살펴보면 된다고 조언한다. 그랬을 때 넓고 넓은 광고업계의 회사 가운데 무엇이 전문인 회사인지 알게 되기도 한다. 온·오프라인에 관계없이 모든 것을 집행할 수 있는 종합광고대행사, 오프라인 업무를 중점적으로 하는 오프라인광고대행사, 온라인 마케팅을 중점적으로 하는 온라인광고회사, 키워드 검색을 중점적으로 하는 키워드 광고대행사, 바이럴이나 입소문을 위주로 일하는 바이럴 마케팅회사, 웹 사이트를 전문적으로 만드는 웹 에이전시 등 실제로 무엇을 만들었고 어떻게 제작했는지를 보면 그 회사의 정체성과 실력, 보유한 광고주 등을 파악할 수 있다.

광고란 처음 시작하기는 어렵지만 경력이 쌓일수록 가치를 높이 평가받는 전문직이기 때문에 처음에 입사할 회사의 기준은 규모가 아니라 실력이다. 즉, 보고 배울 수 있는 사람이 있는지, 다양한 경험을 쌓을 수 있는 곳인지가 매우 중요하다. 회사의 크기는 함께 일하며 키워가면 된다. 광고업계는 그 무엇보다 실력을 우선시하기 때문에 회사의 현재 크기보다는 그 회사가 만들고 있는 광고의 크기, 실력의 크기를 봐야 한다.

경험과 실력이 쌓이면서 광고회사도 성장하는 것이 느껴진다면 이후에는 그에 맞는 연봉과 복지 처우를 협의해 보상받으면 된다. 혹 여의찮으면 더 좋은 여건으로 이직을 하기도 하는데, 다른 업종에 비해 빈도수가 상당히 잦은 편이다. 이직 시에도 특별히 복잡한 광고주의 업무를 전담하지 않은 이상 인수인계를 할 것도 많지 않다. 진행 중인 광고캠페인에 대해서 잘 설명해주면 끝이며, 옮긴 광고회사 또한 비슷한 시스템으로 일하기 때문에 어려움은 없을 것이다. 따라서 좋은 광고회사는 규모에 상관없이 실력의 성장을 이룰 수 있는 회사이며, 회사의 성장과 더불어 개인의 노고를 인정받는 경우 그에 상응하는 좋은 처우를 제시하고 챙겨주는 회사일 것이다. 일을 잘하는 사람은 어디서나 실력을 인정받고 스카우트 제의도 많이 받는 곳이 바로 광고회사다.

광고회사 인턴십은
어떻게 준비하면 되나요?

일반적으로 광고회사의 인턴십 모집은 많지 않다. 인적 효율성을 기반으로 업무를 진행하는 곳이기에 많은 인원을 뽑지 않으며 정직원 선발을 염두에 둔 인턴십이라면 모수를 3배수 이상 뽑아서 그중 가장 광고인다운 자질을 갖춘 사람을 선발한다. 시작부터 모든 것이 경쟁인 셈이다. 따라서 예비 광고인으로서 열심히 준비해온 사람을 1차적으로 주목하기 때문에 그에 대한 대비를 해놓는 것이 좋다.

광고회사에서 인턴을 뽑을 때 가산점을 주는 것이 몇 가지 있는데, 이를 짚어보면 다음과 같다. 먼저 비중이 높지 않더라도 회사에 대한 관심이 얼마나 있었느냐는 호감으로 작용한다. 많은 광고회사 중에서 유독 우리 회사를 지원한 동기가 무엇인지 궁금할 것이다. 이것은 같은 소속감을 가진 동료로서 프라이드를 살펴보는 기회이기도 하다. 회사 규모가 크지 않지만 광고제작물에 반하여 지원했다든지, 회사와의 특별한 인연이 있다든지, 회사만의 독특한 문화에 끌렸기 때문이라든지 등 뭔가 호감을 주고받을 수 있는 포인트가 필요하다. 또한 이 회사와 내가 얼마큼의 연결고리가 있고 DNA가 잘 맞는지 설명할 수 있다면 금상첨화다.

그다음으로 보는 것은 광고의 기본기가 있는지 여부다. 다른 광고회사의 인턴이라든지, 학생 마케터로서의 경험 등 약간의 사회생활과 이로 인해서 배운 점들이 명확하게 있다면 기본기가 좋은 사람으로 평가받을 수 있다. 반드시 회사의 경험만 중요한 것은 아니다. 자신만의 독특한 경험이어도 좋다. 작게나마 창업을 해본 경험이 있다든지, 리더로서 모임을 이끌어본 경험이 있다든지 하는 요소들이 가산점이 될 수 있다. 광고는 사람과 사람이 만나서 하는 공동의 작업이기 때문이다.

그리고 가장 중요한 것은 재능이 있는가이다. 아무리 성실하게 일한다 하더라도 광고는 기본적으로 노력과 그 위에 얼마나 재능이 있는지, 작은 일을 하더라도 감각이 있는지가 매우 중요하다. 이러한 텃밭을 지닌 사람이라야 광고회사의 선배들은 하나라도 더 알려주고 호흡이 척척 맞는 것을 느끼며 동료로서의 잠재적 능력을 높이 평가하기 때문이다. 더러는 재능을 확인하기 위해 창의력을 테스트하기도 한다.

마지막으로 광고에 대한 열정과 진지한 태도이다. 실력도 중요하지만 여기서 한 차원 더 성장하고 좋은 광고인이 되기 위해서는 기본적인 열정과 태도가 무척 중요하다. 지각을 비롯한 출퇴근에 대한 성실함과 맡은 바 임무가 크건 작건 알차게 해낼 수 있는지 여부다. 또 작은 약속도 잘 지키는지, 때로 극한 상황에서도 사람들과의 소통을 놓치지 않고 자신을 추슬러 마침내 목표를 이뤄낼 수 있는가도 평가의 기준이 된다.

이처럼 광고회사는 채용 시 개개인 안팎의 다양한 모습을 입체적으로 평가한다. 왜냐하면 사람이 전부인 곳이 바로 광고회사이기 때문이다. 광고인이 되기 이전에 좋은 사람이어야 하며 좋은 사람이면서 센스가 있는 능력자여야 한다. 여러 면모를 두루 가지고 있다면 이를 잘 표현해 보여주는 것도 곧 능력이다. 이는 광고의 본질이 경쟁이면서 동시에 이미지 싸움인 데 기인한다.

원하는 광고회사에 취업하려면
어떤 준비가 필요한가요?

많은 이들이 광고일을 하는 내게 물어온다. "광고회사에 취업하고 싶은데 어떻게 하면 좋죠?"라고 말이다. 갑작스럽게 질문을 받으면 바로 답을 주기보다는 '그가 얼마나 광고회사에 가고 싶어 하는지, 어떤 준비와 고민을 겸하고 있었는지'를 먼저 묻고 체크한다. 그 이유는 광고업무가 겉보기에는 화려하지만 되기도 쉽지 않고 광고인으로서 일한다는 것도 상당히 힘들기 때문이다. 또 하나 다른 이유는 질문을 한 사람이 청소년인지, 대학생인지, 졸업을 앞두고 있는지 혹은 이미 취업을 한 상태인지에 따라 각각 다른 조언을 해줘야 하기 때문이다.

우선 광고회사의 취업준비는 광고업과 광고회사에 대해서 잘 이해하는 것부터가 바른 시작이다. 어떤 회사가 좋은 광고회사인지를 파악한 후에는 자신 나름대로의 입사를 희망하는 광고회사의 리스트가 있으면 좋다. 그리고 수시로 채용에 관해서 문의하고 정보를 파악하는 것이 중요하다. 그렇게 수집한 정보에서 입사 기준을 파악하고 그에 따라 필요한 준비를 하면 입사가 좀 더 수월해질 것이다. 광고회사에서 일하기 위한 교육이나 준비는 앞서 언급했던 대로 전공자가 아니라면 광고동아리 활동 혹은 광고교육기관에서 그에 준하는 교육을 수료하고 취업에 대한 상담을 겸하여 받는다면 어렵지 않을 것이다.

그 외 광고에 대한 기본 센스가 있는지를 증명하기 위해서는 광고공모전 수상이나 마케팅 관련 활동 등을 겸하면 도움이 된다. 디자인이나 글쓰기 실력을 증명해 보일 수 있는 여타의 활동도 좋다. 기본적인 끈기나 열정 그리고 진지한 태도 등을 어필할 수 있는 봉사활동, 취미생활 등 다양하고 독특한 이력들도 어느 정도는 도움이 된다.

광고회사의 취업 문은 매우 좁다. 때문에 인턴 채용 정보가 발표되었을 때 신속히 기회를 잡을 수 있는 실질적인 방법은 해당 회사의 블로그나 홈페이지, SNS 채널에 있는 공식적인 정보를 놓치지 않는 것이다.

비공식적인 정보는 광고회사에 근무하는 사원들을 통해서 나오는 게 일반적이므로 광고회사에 다니는 지인을 통해 정보를 습득할 수 있다. 또한 광고 관련 잡지를 통해 최근에 집행한 광고캠페인 사례와 이를 만든 광고회사에 대해 눈여겨봐야 한다. 이런 자료들을 종합적으로 이해하면 추후 구인사이트에 광고회사의 구인정보가 올라왔을 때 기회를 잡기가 용이하다.

만약 꼭 취업하고 싶은 광고회사가 있지만 본인의 취업 시기와 맞지 않는 경우가 있다. 이럴 때 여유가 있다면 자리가 날 때까지 기다리면서 자기개발에 힘쓰면 좋겠지만 무리가 있는 경우라면 괜찮은 후보군의 광고회사에 먼저 입사를 하고, 경력을 갈고 닦은 후 이직하는 것이 더욱 현실적인 방법이 될 것이다. 그리고 광고회사에서 일을 시작하면 이전에는 알지 못했던 광고회사의 생리와 광고인의 일상에 대해서 알게 되고, 동종 업계의 소식에도 밝아지게 되므로 원하는 회사로 이직하는 것이 신입이 되어 입사하는 것보다 빠를 수도 있다.

어떤 회사에 입사를 준비하든지 준비되어 있는 만큼 자신감이 생기게 마련이다. 광고회사를 준비할 시간적 여유가 있는 학생이라면 관련 인프라와 스펙을 하나하나 갖추면 되고, 이미 취업 시기에 다다르거나 기존 취업자라면 전문기관을 통해서 단기간에 광고회사로 갈 수 있는 교육과 준비를 마친다면 원하는 광고회사에 성큼 다가가 있을 것이다.

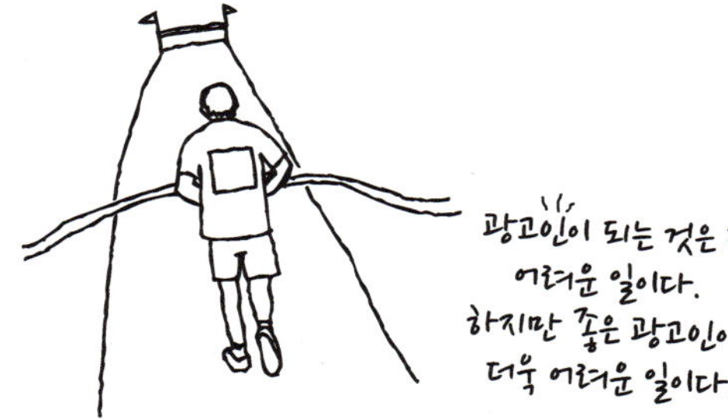

정말 알고 싶은
광고인이 되는 법

　　대학을 졸업할 때가 되면 불안감이 엄습해오는 것을 느끼게 된다. 대학이라는 울타리가 준 마지막 안정감에서 떠나야 하는 것이다. 사회인이 되어야 하고 모든 선택에 책임을 져야 하는, 진짜 어른이 되는 시기가 바로 이때다. 그렇기에 준비가 되어 있지 않으면 그만큼 불안감이 더 크게 다가올지 모른다. 어쩌면 가장 큰 불안감은 내가 무엇을 해야 하는지에 대한 생각이 정리가 안 된 상태일 것이다.

　　두 해 전, 이메일로 어떤 취업준비생이 문의를 한 적이 있다. 27살쯤 되는 여성으로 대학을 졸업하고 적당한 곳에 취직해서 2년간의 직장생활을 했다고 한다. 하지만 하는 일이 자신의 적성에 맞지 않는다는 것을 느꼈고, 자신이 정말 원하는 것이 무엇인지 고민하던 중 광고를 만드는 사람이 되고 싶다는 생각을 했다며, 지금도 늦었겠지만 더 늦기 전에 광고인이 되는 방법에 대해서 조언을 해달라는 부탁이었다. 이메일을 읽고 어떤 이야기부터 시작해야 할지 막막했다. 하지만 곧 다시 답장을 보내어 물었다. 왜 광고가 하고 싶은가를 질문한 후 이를 비롯해 광고회사도 여러 종류가 있고 다양한 직무가 있다는 것을 간략하게나마 설명해주었다. 그리고 광고를 정말 꼭 하고 싶다면 전문기관의 도움을 받는 것이 어쩌면 가장 빠른 길일 수 있다고 조언했다. 그래서 비용이 좀 들더라도 전공을 상쇄시킬 정도의 전문성이 있는 광고교육기관으로 가볼 것을 권유했다. 지금 그녀에게 필요한 것은 적절한 위로나 공감이 아니라 바로 시작할 수 있는 곳이 필요하다 판단했기 때문이다. 유료 교육기관은 경제적으로 부담이 될지 몰라도 기초부터 다양한 정보의 제공, 실무 강사들과의 상담 등 가장 빠르게 광고계의 인프라를 두드려볼 수 있는 시스템이 갖춰진 곳이다.

이제 막 광고인에 입문하려는 사람들에게 난 어떤 유명한 광고인이든 훌륭한 프로든 그 시작은 모두 인턴이거나 신입사원이었음을 상기시켜주곤 한다. 아직 젊다면 그날은 바로 오늘이기 때문에 옳은 방향을 잡았다고 판단했다면 거침없이 달릴 것을 권한다. 거창하게 인생의 성공을 좇기보다는 후회가 적은 인생을 사는 것이 중요하기 때문이다.

사실 광고에는 왕도가 없다. 모든 것은 노력의 산물이며, 여기에 재능이 있다면 더 잘할 수 있을 뿐이다. 용감하게 맞서서 일하며 모든 책임은 스스로가 져야 한다. 그렇기에 의사결정이 빠르고 실행력이 좋고 무엇보다 끈기가 있어야 한다. 이러한 기본적 자질이 결국 광고인으로 성장하는 데 중요한 동력이 된다.

특히나 취업준비생들에게는 궁금한 것이 많다. 광고회사의 입사 조건이라든지 인사담당자가 중요하게 생각하는 것이 무엇인가 하는 점이다. 사실 이러한 접근은 대기업의 공채를 떠올리기 쉬운데, 광고회사는 뭔가 정형화되어 있는 것보다는 개개인의 자질과 태도, 성취한 것들을 놓고 평가하는 것이 보통이다. 단순히 스펙이 좋다고 되는 것이 아니며 어학이나 학점이 전부가 아니다. 수많은 지원자 틈에서 반짝반짝 빛나는 열정과 그를 증명할 이력이 있어야 한다. 자신이 만든 그 무언가를 통해서 입사를 하면 이 이상을 만들어내고 보여줄 수 있음을 자신 있게 어필하는 것이 가장 중요하다.

이 장에서는 광고회사를 선별해 지원하는 기준과 인사담당자들의 특성, 기획력과 창의력을 높이는 방법 그리고 면접을 볼 때의 유의할 점 등 광고회사 취업에 대한 직접적인 정보들을 나눠보려고 한다. 광고업의 본질은 경쟁우위다. 적당히 남들과 같아서는 채용될 확률이 거의 없고 자신을 증명해 보일 많은 것을 가져와 보여줘야 한다. 또한 그것은 채용 후에도 광고인으로서 일할 때 평생의 시험무대이기도 하다.

어떤 광고회사가
나와 맞는 걸까요?

어떤 광고회사가 나와 맞는가는 광고회사에 들어간 신입사원들이 흔히 하는 질문이다. 자신이 현재 겪는 어려움이 이 광고회사라서 그런 것인지, 광고회사가 겪는 공통적인 문제인지 고민하는 것이다. 이 경우 후배들에게 광고인으로서 일반적으로 겪는 어려움과 회사가 가진 어려움을 구분해서 조언을 해준다. 하지만 잘 모르는 신입사원에게 처음부터 이런 조언이 가능할 리 없다. 단, 시간이 흐르고 몇 번 이야기를 나누면 어떤 스타일로 일하는 것이 좋은지, 어떤 직무가 잘 어울리는지 조언해주기도 쉬워진다.

기본적으로 광고회사가 나와 잘 맞는지를 확인하려면 내가 잘할 수 있는 일과 재직 중인 회사가 주로 하는 일이 맞는지부터 따져봐야 한다. 어떤 광고제작에 특화된 회사인지 확인한 후 스스로의 재능과 연결고리가 잘 형성되는지 파악하는 것이다. 이를테면 디지털에 관심이 많고 상호작용적 광고캠페인을 했으면 하는 사람이 전통적인 매체의 광고만 전담하는 회사에 들어간다면 벌써 어려움이 예상된다. 반대의 경우에도 마찬가지로 개인과 회사가 궁합이 맞지 않아 힘들어질 것이다. 따라서 입사한 혹은 입사하려는 회사가 기획을 잘하는 곳인지, 제작을 잘하는 곳인지, 온라인광고가 전문인지, 오프라인광고를 잘 만드는지 상세히 확인하고 결정하는 것이 좋다.

또한 광고회사의 시스템이나 복지 등을 살펴보고 잘 맞는지 확인해볼 수도 있다. 광고라는 작업은 어느 회사나 공통적일 수 있지만 회사의 문화는 조직마다 다르다. 그렇기에 광고인들이 이직을 할 때는 동료나 지인을 통해서 업무 외적인 환경까지 물어본 후에 회사를 옮기는 것이 보통이다. 광고란 업무 자체의 어려움은 어딜 가나 존재한다. 잦은 야근과 아이디어에 대한 스트레스, 직장 상사와의 갈등 혹은 광고주의 갑질이 있을 수도 있다. 하지만 회사마다 다른 것은 분명 그 회사의 조직문화와 복지일 것이다. 제작을 하는 지인 중에는 아침잠이 많아 괴롭다고 했는데, 새벽까지 일하고도 아침에 일찍 일어나서 출근하는 것은 어려운 일이라는 것이다. 그래서 선택한 것이 전날 야근을 했을 때 그만큼 늦게 출근해도 되는 시스템과 문화가 있는 회사를 먼저 본다는 것이었다. 혹은 자기개발을 하고 싶은 사람인데 잦은 야근이 너무 싫다는 사람은 광고일이 조금은 재미없는 회사지만 일찍 끝날 수 있는 회사를 택했다든지 등 자기만의 광고회사 선택의 기준에 맞춰 회사를 정하게 된다.

내 경우에는 광고를 잘 만들 수 있는 회사가 매번 선택의 기준이었다. 회사 내에 정치가 심하다든지, 편하기는 하지만 제대로 된 광고일을 하기 어렵다든지, 광고 이외의 것에 신경을 너무 많이 쓰게 만드는 구조라든지, 내가 하고 싶은 일을 제대로 주지 않는 회사인 경우에 이직을 고려했었다.

어떤 광고회사든지 장단점은 있다. 하지만 어떤 점을 더 중요하게 여기는지에 따라서 나에게는 최고의 회사가 다른 이에게는 최악의 회사가 될 수도 있다. 그러므로 자신의 직무와 회사의 연결성, 복지제도, 문화 등을 입체적으로 살펴보고 그에 맞는 결정을 해야만 지속적으로 광고인이 되어 살아가는 길에 이정표 역할을 해줄 것이다.

Q&A

광고회사 인사담당자가 중요하게 보는 것은 무엇인가요?

광고회사의 인사담당자들은 욕심쟁이다. 이들은 회사의 이익을 위해서 사람을 선정하기 때문에 기본적으로 보수적이며 세심한 평가를 한다. 다수의 지원자들이 몰리는 상황에서 최고의 인재를 등용해야 하므로 회사 내규로 잡힌 다양한 기준을 가지고 있다. 학력, 경력, 자질과 태도, 전 회사의 평판, 연봉 수준 등이다. 크게는 신입과 경력사원 두 가지 기준으로 나뉘며 보는 기준이 조금은 구분된다. 신입의 경우 전반적인 부분에서 높은 점수를 얻어야 합격하게 된다. 어느 정도 규모를 갖춘 광고회사가 정기적으로 공개채용을 통해 사원을 채용하는 경우에는 높은 기준이 요구되는 것이 보통이다. 왜냐하면 기본적으로 자격 조건을 갖춘 이들이 경쟁하므로 그만큼 신입사원의 경쟁률이 높기 때문이며 규모가 크지 않은 광고회사의 경우 대략적인 기준은 다음과 같다.

중소형 광고회사의 채용 공고

- 정규 대학 졸업자(4년제 이상 혹은 2년제 이상, 회사마다 다름) 및 해당 년도 졸업 예정자
- 직무 관련 전공자 우대

"

· 외국어 가능자 우대

· 병역필 또는 면제자, 해외여행 및 출장에 건강상 결격 사유가 없는 자

중소형 광고회사의 신입사원 채용 프로세스

· 1차 서류 전형 → 2차 면접 및 인·적성 검사 → 3차 신체검사 후 채용

대기업 계열 광고회사는 기본적으로 모회사인 그룹사의 정책에 맞는 수준을 요구한다. 여기에는 학점과 학력, 전공 그리고 어학 자격도 지원 최소 등급을 명시해 스펙이 미달되면 1차 서류 전형에서 합격하기 어려운 구조다. 대기업 계열 인하우스 에이전시의 경우에는 경쟁률이 치열하다 보니 최대한 떨어뜨리고 난 후 자질을 평가한다. 구체적인 내용을 명시하자면 다음과 같다.

대기업 계열 광고회사의 채용 공고

· 해당 년도의 마지막 학기 기준 졸업 또는 졸업 예정자(과다한 반복 지원을 방지하기 위해 부득이 지원 횟수를 3회로 제한함)

· 전 학년 평점 평균 4.5 만점, 환산 3.0 이상인 자

· 병역필 또는 면제자로 해외여행에 결격 사유가 없는 자

· 어학 자격을 보유한 자(OPIc 및 토익스피킹에 한함/기획파트의 경우 OPIc는 IH 등급, 토익스피킹은 7급 이상/제작파트는 대략 IL 등급, 5급 이상)

대기업 계열 광고회사의 신입사원 채용 프로세스

· 1차 지원서 접수 → 2차 광고직 직무적성검사 → 3차 면접 전형 → 4차 건강검진 후 채용

대기업 계열 광고회사는 중소형 독립광고회사의 기준에 비해서 매우 엄격한 기준을 가지고 있음을 알 수 있다. 외국계 광고회사 채용 기준은 이 둘의 중간쯤이며 외국계답게 기획파트 쪽은 어학능력을 구체적으로 확인하는 편이다. 제작파트 쪽은 이에 비해서 상대적으로 기준이 조금 느슨한 편이며 대신 제작능력을 확인하고자 포트폴리오나 창의력 시험을 보는 경우가 있다. 반면 경력직 입사는 실력과 경력 위주로 평가하기 때문에 경쟁률이 낮고, 실력이 검증되었다면 입사가 크게 어려운 편은 아니다.

경력직의 경우 가장 중요하게 생각하는 것은 분명한 실력이다. 다수의 광고캠페인 및 제작능력이 포트폴리오와 경험으로 입증되기 때문에 다른 기준보다는 확실히 실력에 치중되어 있다. 그리고 이직이 잦은 경우 또 다른 회사로 이직할 확률이 높거나 깊이 있는 경력이 아니라고 판단하므로 이력으로 평가받을 수 있는 기간은 최소 1년 이상이 되어야 한다. 1년 이상으로 더 오래 일했을수록 한 회사에 대한 충성도가 높고 여러 경험을 했을 것이라 판단하며, 조직생활에서도 적응을 잘했다고 유추한다. 그리고 광고업계는 무척 좁기 때문에 경력직에게는 반드시 지인이나 다른 인맥을 통해서 이전 회사의 평판을 확인한다. 일을 정말 잘하는 사람인지, 조직생활에 특이사항은 없었는지를 면접 이전에 체크하는 것이 보통이다. 따라서 좋은 경력은 동료들에게 인정받고 광고주에게 좋은 광고를 만들어온 경력이라 할 수 있다. 이 모든 것이 괜찮다면 회사마다 내규 규범 정도로 잡혀 있는 학력이나 어학 등의 사항을 참고해(보통의 경우 필수는 아니다) 최종적으로 체크한 후 면접을 보고 연봉과 출근일자를 협의하여 이직한다. 간단히 경력직 이직의 프로세스를 정리하면 다음과 같다.

광고회사 경력사원 이직 프로세스

• 1차 이력서와 포트폴리오 확인 → 2차 실무자 면접(이 시기쯤 이직자의 평판을 미리 체크해놓은 상태) → 3차 임원 면접(실무자 면접만 보는 경우도 많음) → 4차 건강검진 후 채용

인턴사원이나 신입사원의 경우 인사담당자가 세부적인 내용까지 꼼꼼하게 체크해 회사 차원의 가이드를 적용하고 면밀하게 뽑지만 경력사원의 경우 인사담당보다 인원 채용이 필요한 실무진 쪽에서 인맥이나 추천, 헤드헌터를 통해서 이력서를 받아 진행하는 경우가 많다. 그러므로 인사담당자는 조금 더 관대한 기준으로 경력사항을 체크하고 채용은 해당 실무팀이나 임원에게 맡기는 경우가 많다. 일반적으로 채용이 결정된 이직자에 한해서 연락해 채용 프로세스를 알려주고 출근일자 협의와 복지제도, 연봉 등에 대한 내용을 결정한다.

기획력을 높이는
방법은 무엇인가요?

기업이 효율적으로 운영되기 위해서는 여러 경영 활동이 수행되어야 한다. 먼저 좋은 제품을 생산해야 하며 이를 관리할 유능한 인재를 채용한 후 적재적소에 이들을 배치한다. 또한 좋은 투자환경을 만들고 필요한 자본을 조달해야 하며 기업경영에 필요한 정보망을 구축하고 관리하는 등 다양한 노력이 유기적인 관계를 맺으며 효율적으로 수행되도록 해야 한다. 무엇보다 기업이 이윤을 남기려면 생산된 제품을 잘 팔아야 하는데 여기서 마케팅이 필요하다. 마케팅은 제품, 가격, 유통 촉진으로 구성되는 마케팅믹스(Marketing Mix)에 대한 관리이다. 마케팅믹스를 구성하는 요소 중 하나인 촉진(Promotion)의 핵심은 소비자와의 커뮤니케이션 기능을 수행하는 것이며 이를 위해 광고(Advertising), PR(Public Relationship), 인적 판매(Personal Selling), 판매 촉진(Sales Promotion) 등을 구분해 활용한다. 마케팅에는 다양한 방법이 있으며 이 중 광고에 대해 기업 마케팅 부서가 광고회사를 선정해 업무를 의뢰하는 것이다.

그러므로 광고에서 흔히 기획력이 좋다고 하는 것은 마케팅에 대한 지식을 얼마나 잘 이해하고 있느냐와 같다. 마케팅에 대한 지식은 여러 경험적 사례나 간접적 연구자료를 통해서 얻어지는데 광고회사의 경력이 쌓이면 쌓일수록 자연스레 기획력은 올라가게 마련이다. 우선 광고주의 한정적인 예산과 시간을 가장 가치 있는 광고캠페인으로 이끌기 위해서 훌륭한 광고기획자는 가능한 많은 자료를 조사하고 시장과 소비자를 분석해 광고주의 제품이나 서비스가 나아가야 할 방향을 정확히 짚어낸다.

광고기획자들이 흔히 마케팅적인 논리를 세우기 위해 가장 먼저 전반적인 자료들을 수집하고 이를 정리한다. 옛말에 '시작이 반이다' 혹은 '될성부른 나무는 떡잎부터 알아본다'는 말이 있다. 이는 모든 일에 있어 시작의 어려움을 말하는 것이기도 하지만 어떻게, 어떤 방향으로 시작하느냐 하는 계획과 방향 설정에 대한 중요성을 나타낸다. 즉, 기획을 위한 첫 접근이 어떠냐에 따라 기획의 실마리가 잡히곤 한다. 따라서 광고 기획자들은 이를 위해 FACTS BOOK을 만들기도 한다. FACTS BOOK이란 말 그대로 광고주의 제품이나 서비스에 대한 사실적인 자료들을 모아놓은 자료집을 말한다. 이 자료집은 초기 광고주에 대한 전반적인 이해를 높이는 것에서부터 커뮤니케이션과 마케팅 부문의 전략 수립에 이르기까지 항상 참고가 되는 중요한 것이다. 따라서 얼마나 정확하게 FACTS BOOK을 만드느냐에 따라 기획이 순조롭게 진행되는지가 결정된다고 할 수 있다.

FACTS BOOK은 그 자체가 광고주(또는 제품)에 대한 자료집의 성격을 띠는 만큼 정형화된 목차가 있을 수 없다. 오히려 모든 팀원이 광고주 또는 제품을 처음 접한다는 가정하에 이해와 통찰력을 높일 수 있도록 가능한 많은 자료를 모으는 것이 좋다. 주로 FACTS BOOK의 구성요소로는 광고주에 대한 전반적인 자료와 오리엔테이션 자료 그리고 제품이나 서비스의 소개서, 최근 3년간의 판매 실적 및 시장자료와 경쟁사 포함 광고비, 소비자 관련 자료와 최근까지의 마케팅, 광고자료 등을 들 수 있다. 이외에도 최근 시장의 트렌드나 각종 시장에 대한 분석자료, 관련 신문기사 등 다양하다. 여기서 중요한 것은 자료의 정확성이다. 따라서 모든 자료는 출처를 정확히 파악한 후 활용해야 한다.

이러한 자료를 바탕으로 광고기획자들은 종합적 분석을 하며 이를 토대로 상황을 파악하고 전략을 세워나간다. 때로 문제가 기회로 작용하기도 하며 소비자의 니즈를 제품이나 서비스의 특징에 맞춰 포지셔닝 할 수도 있다. 광고기획자들이 전략을 세우는 프로세스는 다음과 같다.

여러 자료를 통해 다음과 같은 고민으로 이어지게 된다. 마케팅 목표를 달성하는 데 장애요인(혹은 강화해야 할 요인)들이 무엇인가? 그리고 그 요인들은 광고 또는 다른 마케팅 커뮤니케이션 수단으로 해결할 기회가 있는가? 아니면 마케팅의 다른 수단으로 해결할 기회가 있는가? 하는 질문이다. 이러한 질문의 답을 찾아가면서 광고목표를 설정하게 된다. 광고목표는 바로 이 문제와 기회분석에서 얻은 결론이다. 이후에 광고목표를 이루기 위해 광고가 어떤 장애요인과 문제를 해결해야 하는가를 고민하고 이에 대한 답을 찾는 것이 기획이다. 따라서 문제와 기회 그리고 광고목표는 동떨어져 있는 것이 아니라 일심동체의 한 맥락이라고 볼 수 있다. 그 이후에는 광고전략을 개발하고 집행 계획을 수립한 후 이를 실행하면 된다. 좋은 전략을 세우고 이를 실행해 현실로 만드는 것이 광고인의 일이기도 하다.

어떻게 하면 창의력을
높일 수 있나요?

광고에서 필요한 창의력은 하늘에서 번뜩이며 떨어지는 것이라기보다는 전략에 입각한 것이어야 한다. 광고의 목표는 결국 광고하는 제품이나 서비스의 판매를 향상시키는 것으로 예술로 생각해서는 곤란하다. 어떤 광고 크리에이티브든 설득을 하지 못하면 제작할 수 없으므로 광고제작은 이에 대한 논리적인 근거에 입각해 소비자들이 선호하는 아이디어를 디테일하게 완성해나가는 일이라 할 수 있다.

광고의 창의력에 대해 알아보기 위해서는 몇 가지 광고 크리에이티브 전략을 알아야 한다. 광고 크리에이티브 전략은 광고의 소구 방식으로 소비자의 필요나 욕구를 브랜드와 연결시키는 시도를 의미한다. 이를 위해 광고는 크게 이성적 소구, 감성적 소구, 광고모델을 사용하는 광고, 성적 소구(Sex Appeal)광고, 비교광고, 티저광고 등의 방법을 사용한다. 먼저 이성적 소구는 상품의 성능이나 속성, 문제해결능력에 기초해 상품을 판매하려는 시도이며 주로 금융권, 보험 상품 판매 등 일상생활의 필요에 더 충실한 제품인 경우 활용된다. 그리고 감성적 소구는 상품을 소유하거나 소비하면서 발생하는 느낌에 기초해 상품을 판매하는 것이다. 식음료, 아이스크림 등의 제품에서 맛과 기분 등을 느낄 수 있도록 이를 전달하는 방법이다.

광고에서는 광고모델에 대한 비중이 큰 편인데 이는 모델이 제품의 이미지를 대변해주기 때문이다. 따라서 광고모델로 광고주가 직접 출연해 기업의 책임감이나 신뢰를 전달하기도 하고 소비자를 모델로 활용해 증언식 광고를 하기도 한다. 이는 실제로 사용해본 소감을 전달함으로써 공감대를 유발하기 위함이다. 그 외 어린이 제품의 경우 만화 캐릭터나 동물 등을 모델로 써서 흥미를 유발하거나 주목을 극대화시키기도 한다. 보편적으로는 인기 스타를 활용하는데 모델로 출연하는 유명인은 대중에게 인식된 강한 이미지를 기반으로 제품에 대한 소비자의 관심을 쉽게 끌어낼 수 있기 때문이다. 또한 긍정적이거나 전문적인 이미지에 호감을 갖게 하기 편하다. 그러나 유명 모델이 제품과의 연관성이 너무 깊어진 경우 유명인의 부정적인 사생활이나 사건이 발생하면 제품의 이미지까지 실추되거나 제품 불매운동이 벌어지기도 하므로 이에 대한 각별한 주의가 필요하다.

광고에서 흔히 3B라고 불리며 시선을 사로잡는 모델들이 있다. 바로 Baby(아기), Beast(동물), Beauty(미인)이다. 이 모델들은 광고의 크리에이티브를 한층 살아나게 한다. 이 중에서도 여성을 모델로 하는 경우 성적 소구광고로 표현되는 경우가 제법 있다. 성적 소구광고는 성적 자극과 상품과의 관련성이 있으면 효과적이다. 이를테면 여성의 속옷이나 생리대, 주류나 화장품, 향수 등의 광고가 심리나 환상적 측면을 강조해 성적 소구를 하는 경우가 많다. 반대로 성적 자극과 제품의 관련성이 낮은 경우 괜히 시선만 분산시키고 소비자에게 제품이나 서비스에 대해서 인지시키지 못하는 경우가 많다. 게다가 방송위원회 심의도 받아야 하는 불편함이 있다.

이외에도 광고캠페인의 출시 때 주목을 끌기 위해서 티저광고를 하는 경우가 있다. 주로 신규 서비스나 제품을 출시할 때 자주 이용되는 광고표현 방법 중 하나이다. 광고의 제품과 서비스를 숨기고 호기심을 유발하는 표현으로 독자의 관심을 고조시키며 이후 노출될 본편의 광고를 통해 상품이나 서비스의 형태적, 내용적 요소를 강한 인상으로 전달시킨다. 성공적인 티저광고는 광고효과를 확대시켜주지만 실패하면 그만큼 타격이 있다. 긍정적 호기심을 주지 못해 시청자에게 짜증을 유발하거나 광고 시청 및 해석을 포기하게 하는 경우가 그렇다. 또한 장기간 광고를 연속적으로 여러 편 노출시켜야 하므로 광고주 입장에서는 더 많은 비용을 감수해야 한다.

광고에는 다양한 기법이 존재하므로 이러한 지식적 측면을 연구하면서 내적으로는 창의적인 습관을 키울 필요가 있다. 어쩌면 선천적인 감각과 재능이 무척 중요한 일이지만 후천적인 노력과 배움 없이는 한계에 다다르거나 금방 바닥을 보이게 된다. 따라서 창의적인 습관이나 지식적인 배움에 대한 노력을 게을리해서는 안 된다. 창의적인 사람들의 대부분은 호기심이 왕성하다. 여러 지식을 폭넓게 알고 있는 경우가 많으며 독특한 발상을 위해서 새로운 시도나 모험, 경험을 쌓는다. 또 문화·예술적인 감성을 기르기 위해서 많은 영상과 공연, 독서를 게을리하지 않고 여행을 다니는 등 새로운 자극을 위한 일을 습관적으로 하는 경우가 많다. 광고 크리에이티브를 키우는 것에 왕도는 없지만 한 가지 분명한 것은 그 어느 직업보다 매 순간을 충실히 깨어 있어야 한다는 것이다. 가장 유행에 민감하며 심리적인 부분을 터치해야 하고 전략적인 목표를 가지고 있으며 아름다움을 추구한다. 광고는 이런 면에서 복잡하고 치밀한 상업예술과 같다.

면접을 잘 보기 위한
노하우가 있나요?

면접을 본다는 것은 무척 떨리는 일이다. 면접관은 이미 나의 이력서와 자기소개서, 포트폴리오를 통해서 나에 대해 많은 부분을 알고 있고 그것을 중심으로 더 많은 것을 나에게 물어볼 것이기 때문이다. 면접 통보를 받고 나면 초조해진다. 면접관들이 어떤 질문을 할지, 또 면접장에서 무엇을 이야기하면 좋을지 상상 속에서조차 여러 번 진땀을 흘리는 것이 보통이다. 만약 면접을 보게 되었다면 이런 막연한 공포에서 벗어나 머릿속에 차분히 면접 상황을 그려보자. 회사는 누군가를 지금 필요로 하고 그것이 내가 되었을 때 가장 좋을 것이라고 생각하는 것이다. 경쟁자가 누가 되었든 그 순간만은 1대 1로 회사와 나의 시간이기 때문이다.

면접을 볼 때는 자신감에 찬 모습이 좋다. 커뮤니케이션이 필요한 직업이기 때문에 말을 잘하는 것도 좋은 인상을 풍기게 될 것이다. 평범한 사람보다는 조금은 자기만의 세계가 있는 사람에게 호감을 느끼는 편이지만 비즈니스적 마인드와 책임감이 함께 있는 사람이 선호된다. 학벌과 어학능력이 좋으면 금상첨화지만 그렇지 않더라도 그 이상의 다른 능력이나 열심히 준비해온 부분들을 충분히 어필하면 경쟁력이 있다. 신입이라면 이미 예비 광고인으로서 살았다는 것이 느껴지도록 자신의 잠재력과 노력을 함께 어필할 필요가 있고, 경력의 경우 실무에서 다양한 경험을 비롯해서 어떤 성과들을 이뤄왔는지에 대해 잘 이야기할 필요가 있다. 광고회사는 프로를 원한다. 그러므로 자신의 모든 것이 '광고인답다'는 것을 개성, 노력한 일들, 사례, 수상 등의 경험을 바탕으로 보여준다면 충분히 채용에 대한 가능성을 이끌어낼 수 있을 것이다. 면접관이 물어볼 확률이 높은 예상 질문은 다음과 같다.

면접 시 물어보는 것들

- 공통

  - "왜 우리 회사에 지원하게 되었는지 말해주세요."

  - "저희 회사에 대해서 어떤 점이 가장 알려져 있고 무엇이 마음에 들었나요?"

  - "저희 회사가 만든 광고캠페인 중에서 가장 기억에 남는 것은 무엇입니까?"

- 신입

  - "광고 관련 경험이 있나요? 공모전 수상 이력이나 인턴 경험이 있으면 설명해주세요."

  - "이 직무에 지원한 동기가 무엇인지 궁금합니다. 해당 직무는 무엇이라 생각합니까?"

- 경력

  - "지금까지 제작한 광고 중에서 가장 의미 있던 것은 무엇이 있습니까?"

  - "향후 광고업계는 어떤 변화가 있을 것 같습니까?"

위 가상 질문들의 핵심은 신입사원이라면 광고에 대해서 얼마나 준비가 된 사람인지, 태도와 자질은 어떠한지, 우리 회사에 얼마나 호감을 가지고 지원한 것인지의 여부다.

경력직이라면 얼마나 잘해온 사람인가를 보고 회사에 입사할 경우 잘 정착할 수 있는 사람인지 정도를 체크하는 것이 보통이다. 위의 질문들 이외에 면접에서는 이력서와 자기소개서, 포트폴리오를 통해서 개인적인 질문들을 한다. 간단한 자기소개를 요청하거나, 혹은 사는 지역과 회사와의 교통편이나 통근 시간 등을 물어본다. 취미나 특기 중 이색적인 것이 있다면 부드럽게 묻고 답하는 형태가 될 것이다. 경력직의 면접인 경우 개인적인 가벼운 질문들도 많고, 그사이에 핵심 내용이라 생각되는 업무 중심의 질문 내용이 쏟아질 것이다. 일반적으로 실력과 업무 스타일, 성향을 파악해보면서 지금의 인원들과 조화가 되고 부족한 점을 채워줄 수 있는 존재인지 체크한다.

면접이라는 것은 구직자 관점에서는 평가를 당하는 것이고 절차에 따라 진행하는 것이라 긴장이 될 수밖에 없다. 하지만 면접자의 입장에서 생각해보면 개인이 입사할 회사에 대해서 면밀히 살펴볼 수 있는 시간이 되기도 할 것이다. 면접에서는 최선을 다해서 자기 자신의 장점들을 보여주고, 때론 단점이 있어도 이를 장점처럼 표현하는 것이 좋다. 면접이 시작되기 전, 끝난 후, 모든 면이 평가가 될 수 있다는 생각을 잊어서는 안 된다. 그러므로 면접 후 퇴장하기 전에 자신이 앉았던 자리를 뒷정리하고 살핀다면 좋은 인식을 심어줄 수 있다. 어디서든 진심은 통하기 마련이며 그 진심 안에는 '잘 준비된' 사람임을 보여주는 것까지 포함되어야 한다.

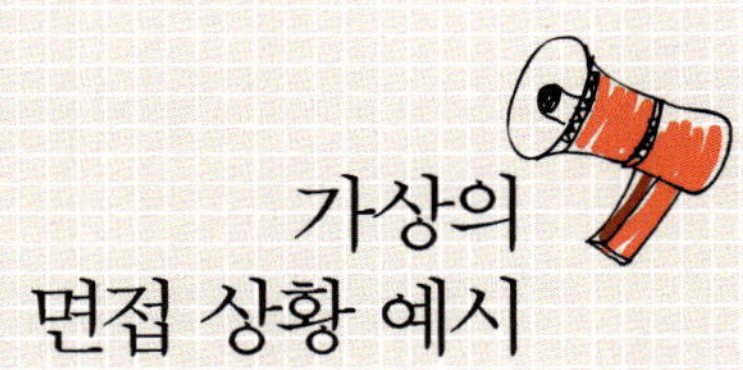

가상의
면접 상황 예시

신입사원 K 군의 면접

나는 대학교 졸업 1학기를 남겨둔 4학년 1학기 여름방학 중이다. 취업에 대한 고민으로 벌써부터 부담이 커져 광고회사의 인턴 경험이라도 쌓으려고 온라인 검색을 하고 있었다. 그러던 중 온라인광고회사의 인턴십 모집 광고를 보게 되었고, 카피라이터 직무도 뽑는다는 문구를 보고 지원을 결심하게 되었다. 무엇보다 마음에 들었던 것은 회사의 철학적인 측면이었다. 내 꿈을 이룰 곳으로 적합해 보였고 나는 이력서와 자기소개서를 열심히 작성해 마감 시간 전에 보냈다. 그로부터 일주일 후 2차 면접을 보자는 연락이 왔고 부푼 마음으로 역삼동에 있는 광고회사 사무실로 찾아갔다.

대대적인 인턴십답게 기존 직원들(인턴 선배 출신의 신입사원들 같았다)이 인사를 하며 명단에서 이름을 확인 후 이름표를 찾아주었다. 이름표를 부착한 후 면접 대기실에서 기다린 후에 내 이름이 호명되자 면접 장소로 향했다. 들어가보니 면접관은 7명 정도로 임원 2~3명과 실무를 하는 팀장, 팀원들이 모여 있었다. 면접은 자기 자신의 10년 후를 그리며 발표해보라는 미션이 있었고, 나는 준비한 PPT를 보여주며 설명을 했다. 그간 열심히 준비해온 예비 광고인으로서의 모습을 보여주기 위해 노력했고 무엇보다 이 광고회사와 나의 철학은 딱 맞는 곳임을 설명했다. 다행히 분위기는 좋았고 고개를 끄덕이며 봐주시는 분들이 있어 기분 좋게 발표를 마쳤다.

뒤이어 시작된 질의응답 시간, 내가 발표한 내용들과 이력서상의 내용들을 토대로 질문이 쏟아졌다. 질문 중에는 나의 강점과 약점이 무엇인지 설명하라, 광고업을 택한 이유는 무엇인가, 카피라이터는 무엇이라 생각하며 어떻게 준비해왔는가 등이 있었다. 이미 고등학교 때부터 꿈꿔오던 광고인, 카피라이터였기에 막힘없이 대답을 전할 수 있었다. 그리고 무엇보다도 열의와 자신감을 겸손하게 전달하는 데 애썼다.

모든 질문과 답이 마무리될 즈음에 이 회사에 궁금한 것은 없냐고 물어봐도 좋다고 했다. 보통은 이런 질문이 왔을 때 우물쭈물하거나 질문은 없고 뽑아주면 열심히 하겠다는 정도로 답하는 경우를 많이 봐왔지만 나는 어떤 면접이든 회사에 대해 질문할 수 있는 기회가 오면 충실한 관심을 가지고 있었음을 오히려 날카로운 질문을 통해서 어필하는 전략을 쓴다. 그 질문은 형식적이지 않고 진심으로 고민한 것을 기반으로 해야 하므로 몇 가지를 정리해가기도 한다. 나는 그날 면접을 본 광고회사가 하고 있던 세상에 많이 알려지지 않은 일들에 대해서 하나하나 자세히 묻기 시작했다. 봉사 활동을 정기적으로 한다고 들었는데 어떤 방식으로 어떻게 하는지, 또 회사가 가장 중요하게 생각하는 철학적인 부분에서의 궁금한 점을 물었다. 오히려 그 질문을 통해서 더 회사와 가까워진 느낌이 들었다. 그렇게 면접이 끝났다. 기분 좋은 예감이 들었다. 인사를 한 뒤에 면접장을 나오자 수고했다는 인사와 함께 면접 기념품을 건네주었고 고맙다는 말을 전하며 회사를 빠져 나왔다. 집으로 돌아와 며칠 후 최종 합격 통보를 받았고 인턴생활이 시작되었다.

인턴 기간 동안 회사의 다양한 규율에 대해서 숙지하고 무슨 일이 주어지든 최선을 다했다. 그 결과 무수히 많은 경쟁률을 뚫고 신입사원으로 선발되어 일할 수 있게 되었다. 긴 시간이 지나 초심이 흔들릴 때면 나는 그때의 면접을 생각한다. 다시금 새로운 마음, 신인의 마음으로 일하는 데 큰 도움을 준다.

경력사원 L 과장의 면접

나는 광고회사의 기획으로 시작해서 카피라이터로 경력을 쌓았다. 벌써 어느덧 6년 차다. 처음에는 의욕과 열정을 가지고 있으면 해외 어워즈 수상작들과 어깨를 나란히 견줄 멋진 광고캠페인을 많이 제작할 줄 알았다. 하지만 실무를 하면 할수록 좋은 광고는 광고주가 만든다는 말이 실감이 되었고, 쿨한 브랜딩광고보다는 제품이나 서비스의 판매가 중점이 되어 매출의 그래프를 높여줄 조금은 재미없는 광고 만들기의 연속이었다. 가끔은 국내, 해외 어워즈 수상작을 내기도 했지만 뭔가 마음속 깊은 곳에서 '즐겁게 최선을 다한 것을 만들어야 한다'는 울림이 있었다.

처음 광고회사에 입사했을 땐 모두가 야근하는 분위기인지라 이것이 광고회사의 모습이구나 생각했다. 새벽에 나온 아이디어로 경쟁 P.T를 통해 광고를 수주했을 때의 기쁨과 내가 만든 광고가 TV 그리고 온라인에서 나올 때의 쾌감은 이루 말할 수 없이 기뻤다. 하지만 점차 시간이 흐르면서 야근이 내 삶을 잡아먹고 있다고 느껴졌다. 때로는 광고주의 버거운 요청에 시달리고 내 잘못이 아닌 것을 책임지기도 하면서 연차만 늘어나고 있었다. 그사이 동기들은 더 좋은 광고회사나 광고주로 이직을 했다. 나는 혼자 남아 오랜 시간을 회사에서 일했지만 아랫사람들은 점차 이직으로 퇴사하고, 채워지는 것은 나보다 위 직급인 사람들뿐이었다. 광고주 영입을 위해서 실력이 조금 부족해도 인맥이나 경험이 많은 사람을 위로 채우다보니 점점 광고제작물의 퀄리티는 떨어져가고 나의 마지막 자존심인 제작물에 대한 열정도 사라지는 것만 같았다.

이런저런 고민이 쌓여가던 때에 외국계 광고회사에 다니던 선배가 제작 인원을 선발하고 있으니 혹시 이직 생각이 있으면 한번 이력서와 포트폴리오를 보내달라고 요청했다. 회사 업무에 만족하지 못하고 있던 터라 세계적인 광고회사의 한국 지사에서 일해보는 것만으로도 광고인으로서의 성장에 도움이 될 것이라 생각했다. 그래서 이력서와 자기소개서 그리고 열심히 정리한 포트폴리오를 보냈다. 포트폴리오는 경력직에게 당락을 좌우하는 중요한 문서이다. 포트폴리오를 통해 그간 그 사람이 참여하고 만들어온 광고를 보면 실력이 어떠한지, 어떤 분야의 광고에 능력이 더 발휘되는지, 제작물의 특징이 어떤지 등을 두루 살펴볼 수 있기 때문이다. 그래서 포트폴리오를 만드는 데 충실했고, 최대한 고민하고 생각한 것을 어떻게 표현했는지를 자세히 설명했다.

얼마 후 면접을 보자고 연락이 왔다. 1차 면접은 실무자 면접으로 본부장과 팀장들이 보며 이를 통과하면 2차 최종 면접으로 임원 면접이 있다고 했다. 1차 면접인 실무자 면접에서는 예상한 대로 포트폴리오를 기반으로 다양한 이야기가 오고갔다. 내가 수주했던 캠페인 중에는 현재의 회사와 경쟁 P.T를 하여 승리한 것도 있었다. 전반적으로 업무 이야기를 나누면서 한 사람의 전문가로서 인정을 해주는 분위기였다. 기타 연봉이나 근무 가능한 시점들 등을 체크하고 나중에 전화로 통보를 해주겠다고 했다. 이후 연락이 왔고, 사실상 2차 면접을 보면 합격이라는 소식이었다. 기쁜 마음이었으나 사장님의 스케줄로 면접이 평일만 가능해 다니고 있는 회사의 눈치를 볼 수밖에 없었다. 결국 업무 도중 잠깐 면접을 보러 나와야 했고, 그렇게 최종 면접을 보게 되었다.

최종 면접에서 임원들은 실무자들이 내린 결정을 존중하는 분위기로 면접을 보게 된다. 왜냐하면 채용한 후에 일을 함께할 사람들의 눈을 믿기 때문이다. 그러므로 최종 면접에서는 회사의 경영 방침과 광고제작 시의 관점 등 큰 그림의 이야기를 나누게 된다. 회사마다 차이가 있겠지만 나 같은 경우는 사장님이 '실무자들이 뽑은 친구가 바로 이 친구인가 보군' 하는 느낌으로 면접이 진행되었던 것 같다. 이후 인사를 하고 면접을 마무리했다. 며칠 뒤 최종 합격되었다는 통보와 함께 채용을 위한 건강검진을 받으라는 안내에 따라 건강검진을 마치고 첫 출근을 하게 되었다. 새로운 기분으로 들어갔지만 사실 며칠만에 또다시 '광고인의 삶은 어쩔 수 없구나' 하고 느끼게 되었다. 그러나 더 배울 수 있는 곳에서 좋은 조건으로 일할 수 있다는 것은 무척 기쁜 일이었다.

보일락
말락~

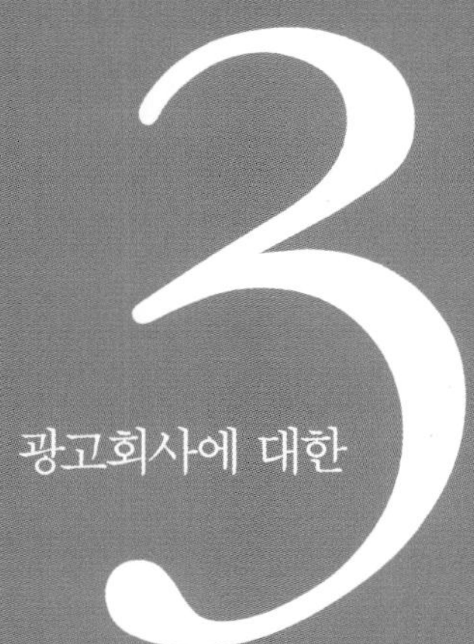

3

광고회사에 대한 오해와 진실

광고회사에 대해
더 알고 싶은 것들

    광고인을 꿈꾸는 사람이라면 대부분 광고회사에 입사하기 전부터 궁금한 것이 무척 많을 것이다. 연봉은 광고회사마다 어떤 수준인지, 야근이 일상이라는 광고회사의 출퇴근 시간은 어떻게 되는지를 비롯해 광고제에서 수상을 하게 되면 무엇이 좋은지, 이직을 하게 된다면 어떻게 이뤄지는지 등에 관한 이야기도 궁금할 것이다. 사실 이런 부분은 아무에게나 쉽게 물어볼 수도 없으며 광고회사를 다녀본 광고인만이 세세히 말할 수 있는 부분이기도 하다. 하지만 딱히 광고회사에 다니는 지인을 만나서 물어본다고 해도 꼬치꼬치 캐묻는 느낌의 질문들이라 속 시원하게 답을 듣기도 어려울 것이다. 그래서 이번 기회를 통해 그러한 궁금증들을 자세히 이야기해보려 한다.

또한 광고회사에 대한 기본적인 궁금증뿐만 아니라 광고회사의 업무들도 궁금할 것이다. 요즘 광고를 소재로 한 영화나 드라마에서 꼭 등장하는 장면이 있다. 바로 경쟁 P.T를 하는 모습이다. 그 모습을 보면 궁금증이 생기는 것이 당연하다. 광고회사에서 흔히 경험하는 가장 중요한 일이지만 일을 해보지 않고는 잘 모르는 경쟁 P.T는 과연 무엇인지, 또 우리 주변에서 흔히 보는 일반 회사와는 다른 광고회사만이 지닌 독특한 문화가 있는지, 아이디어를 내는 직무들은 무엇이고 광고를 소재로 한 매체에서 보이는 광고일은 현실과 어떤 차이가 있는지 등 광고인을 꿈꾸는 대부분의 사람이 호기심을 가질 만한 부분들을 정리했다.

마지막으로 그동안 특히나 많이 받았던 질문이 있다. "왜 광고회사는 야근과 주말 근무가 많은가"에 대한 것이다. 이 질문에 대한 답을 들으려면 광고업의 생리를 제대로 이해해야만 이것이 왜 야근과 주말 근무로 이어지는지 알 수 있다. 회사마다 사람마다 차이가 있는 내용일 수 있지만 만약 초과 근무를 하고 있다면 대체로 이러한 이유들이라는 것을 설명했다. 이제, 광고회사의 내부로 들어가보자.

광고회사의 초봉은
어떻게 되나요?

광고회사 초봉은 회사의 규모에 따라 다르며 회사의 내규에 맞춰 통보를 받는 것이 보통이다. 광고회사들 중 대기업 계열은 초봉이 높은 편이다. 국내 최고의 광고회사라 불리는 곳의 연봉이 3천만 원 후반대 정도이다. 물론 직무마다 초봉이나 연봉의 인상 폭이 다를 수 있다. 외국계 광고회사의 경우 3천만 원 초반대로 알고 있으며 이외 독립 광고대행사가 2천만 원 초·중반 대인 듯하다. 그 수준은 최근에서야 조금 나아진 것으로 보이며, 사실 10년 전만 하더라도 연봉은 매우 낮았다. 이렇게 낮은 초봉에도 불구하고 광고인에 대한 꿈을 가지고 있는 많은 사람들이 이 직업을 택하고 있다. 초봉 이후에 연봉은 개개인의 실력에 의해서 천차만별로 달라진다. 그렇기에 초봉이 높은 대기업 계열이나 외국계 광고회사로 시작해 자신의 가치를 증명해 보이려는 경쟁적 삶을 살게 된다. 높은 초봉이 가능한 이유는 이들 광고회사가 보유한 고객의 광고비가 높기 때문일 것이다.

광고회사는 최고의 인력을 뽑는 것이 광고의 제작 퀄리티와 경쟁력을 높이는 유일한 방법이다. 따라서 능력과 연차가 높을수록 광고회사에서 받을 수 있는 연봉은 높다고 할 수 있다. 대부분의 광고회사 이직은 이러한 능력과 실력 차이를 기반으로 더 높은 가치의 연봉과 승진을 보장받기 위함이다. 따라서 작은 회사에서 경력을 쌓았다고 하더라도 그가 쌓은 광고캠페인의 경험이 출중하다면 더 좋은 조건의 광고회사로 이직은 따놓은 당상이나 다름없다. 환경이 이러하다 보니 좋은 맨파워를 갖추기 위한 광고회사 간의 경력자 구인 경쟁이 치열하기도 하다. 구직자는 좋은 근무환경, 높은 연봉과 복지를 누리고 싶어 하기 때문에 경력이 높아지고 실력이 쌓일수록 더 큰 광고회사를 선호하게 된다. 또 큰 광고회사는 신입사원보다는 기초부터 가르칠 필요가 없는 경력직을 선호하며, 여기에 높은 연봉과 처우를 약속하면서 실력 있는 광고인을 데려간다. 그렇기에 광고업계에서 이직은 만연할 수밖에 없는 것이다.

때로 광고회사에서 초봉이 규모와 상관없이 높은 회사들도 있다. 안정적으로 맨파워를 유지하기 위해 초봉을 높이고 연봉 상승률과 복지 혜택도 높이는 것이다. 규모가 작아도 큰 회사의 힘을 발휘하는 구조로 회사를 운영하기도 한다. 연봉은 채용을 위한 면접에서 논의되는데, 구체적인 협상은 채용된 후 구직자가 입사 일자를 확정하는 시점에 이루어진다. 회사는 최대한 좋은 인력을 조금이라도 작은 연봉에 데려오고 싶어 하며, 구직자는 자신의 가치를 조금이라도 더 높이기 위해 최대한 높은 연봉을 원할 수밖에 없다. 하지만 회사를 옮기는 조건이 높은 연봉 하나에만 있진 않으며, 승진이나 복지 혜택, 회사 문화 등의 요소를 고려해 높지 않은 연봉에 만족하며 일하는 사람도 많다(사실 이직을 한다는 것은 많은 에너지 소모와 위험 요소를 동반 하는 일이다). 자신의 가치는 자신이 입증해나가야 한다. 광고인은 모두가 프로답게 일하며 자신의 결과물에 책임을 지는 사람들이다. 그리고 그것을 토대로 전문가라고 불리며 그만큼의 보상을 받는 위치에 오르게 된다.

야근이 많다고 들었는데,
출퇴근 시간은 자유로운가요?

광고회사는 야근이 많다. 일단 야근이 많다는 답변을 한 후에 그 이유를 설명할 수밖에 없다. 야근을 하는 이유에는 여러 가지가 있는데, 우선 광고란 사람의 생각과 아이디어를 서비스로 판매하는 일이기 때문에 일이 능숙하지 않은 이상 비교적 시간이 많이 소요된다. 답이 없는 문제에 가장 최적의 답을 내놓아야 하는 일이기 때문에 시간과 노력을 더하면 더할수록 결과물은 좋아지기 마련이다. 그래서 자발적 야근이 늘어나는 것은 광고인의 숙명이기도 하다.

또 광고주로부터 업무가 오기 때문에 절대적으로 시간이 부족한 상태에서 정해진 시간 내에 일을 처리해야 한다. 오후 늦게, 하루가 걸리는 일을 부탁해오면서 다음 날 아침까지 필요하다고 요청하는 업무는 자연스럽게 야근으로 이어질 수밖에 없다. 이와 비슷한 상황으로는 금요일 오후에 업무를 요청하면서 월요일 오전까지 받아보길 원하는 경우다. 이것은 광고주가 부당하고 아니고를 떠나서 광고회사의 입장에서는 일을 처리할 수밖에 없기에 야근뿐만 아니라 자연스럽게 주말 근무로 이어진다. 기본적으로 업무 시간에 충실하다고 해서 소화할 수 있는 일들이 아니기 때문이다. 만약 업무 시간에 모든 것을 처리할 수 있을 정도로 회사의 시스템이 잡혀 있다면 일이 없거나 혹은 아이디어 기반의 일이 아닌 경우일 것이다.

광고회사의 일은 자주 촉박한 상황에서 벌어진다. 광고캠페인을 론칭하는 날짜는 정해져 있고, 모든 일이 순조롭지 않은 이상 매우 촉박한 상황으로 업무가 진행된다. 광고의 수정사항을 반영하면서 일을 하는데, 과도하게 수정해야 하는 경우 야근을 할 수밖에 없다. 광고일 자체가 바쁘고 손이 많이 가는 일이기도 하지만 업무가 다 마무리되었다고 해도 진정한 끝은 아니다. 실행 이후의 결과 리포트도 있고, 다른 일을 하기 위한 제안도 맞물려 있을 것이다. 어떻게 해도 일이 없을 땐 미뤄두었던 일이 있기 마련이다. 이유가 어찌 되었든 광고인은 야근과 뗄 수 없는 사이인 것이다.

야근이 일상이 되기 때문에 광고회사는 야근 교통비를 항상 지급하며 보통은 자정을 기준으로 택시비를 지급한다. 야근 교통비만 하더라도 비용이 어마어마하다. 그리고 새벽까지 일하거나 밤을 새우는 경우도 간혹 있는데, 이때는 다음 날 출근 시간에 대해서 협의가 필요하다. 그래서 회사마다 내부 규칙이 세워지게 되는데 통상적인 경우 새벽에 가면 그만큼 늦게 출근할 수 있도록 만든다. 그러나 광고주는 정상적으로 출근을 해 피드백을 주기 때문에 이를 편안하게 활용할 수는 없다. 또 그다음 날 늦게 출근한 만큼 업무는 쌓여 있을 것이고 이것은 다시 그날의 야근으로 이어진다. 결국 '야근'이라는 굴레를 벗어나지 못하면서 점차 광고인들은 다음 날 늦은 출근도 포기하게 된다.

보통 광고회사는 밤 12시를 기준으로 초과된 시간만큼 늦게 출근하게 해주며, 팀 단위로 업무를 보기 때문에 팀장과 협의하고 팀원들 간의 공지를 통해 다음 날 늦은 출근에 대해서 고지한다. 서로 유기적으로 업무가 이루어지는 곳이 광고회사이므로 야근과 철야 후에는 다음 날 출근 시간을 팀 내에 미리 고지해야 하며, 팀원 대부분은 잘 이해해준다. 업무 위주로 출퇴근 시간을 유연하게 적용하는 경우가 많으며 주말 근무의 경우 식대와 교통비가 지급되고, 드물게는 특근 비용이 없는 대신 이에 상응하는 혜택을 주는 곳도 있다. 광고인의 야근은 피할 수 없는 것이지만 이를 어떤 혜택으로 풀어주느냐에 따라서 회사에 대한 직원들의 호불호가 정해질 것이다.

광고제에서 수상하면
어떤 점이 좋나요?

광고제에서 수상을 한다는 것은 학생으로 치면 장학금을 받는 일 혹은 학업을 통해서 명예를 떨칠 수 있는 것과 같다. 학생의 본분은 공부를 하는 것인데, 공부를 통해서 명예를 얻고 혜택을 받을 수 있다는 것은 학생으로서는 최고의 순간이 아닐까 한다. 광고회사는 탁월한 광고를 만들어 그것으로 이슈가 되고 최고의 평판을 듣게 될 때 비로소 존재의 이유와 기쁨을 느낄 수 있다. 물론 수상을 한다는 것은 일부 의도적으로 광고를 만든 결과이기도 하다. 하지만 광고를 잘 만들어서 세상으로부터 인정을 받는다는 것은 광고인으로서 가장 뿌듯한 일이라 할 수 있다.

국내와 해외에 수많은 광고제가 있다. 어떤 광고대회든 수상을 했다는 것은 대외적인 공신력을 평가받을 수 있는 좋은 수단이다. 그렇기 때문에 많은 광고회사가 상을 받기 위해 노력하고 있으며 특히 그중에서도 해외 유명 광고제에서 상을 받기 위해 부단히 노력한다. 한 번 해외 광고제에서 수상하면 그것은 광고회사의 좋은 홍보 수단이 된다. 구구절절한 회사 소개와 설명이 없어도 수상 실적을 말함으로써 단박에 좋은 광고회사임을 증명할 수 있기 때문이다. 이렇듯 광고회사의 수상 실적이 중요하다보니 세계 3대 광고제라 불리는 칸 라이언즈 크리에이티비티 페스티벌(Cannes Lions

Creativity Festival), 뉴욕 페스티벌(New York Festivals), 클리오 어워즈(Clio Awards)의 광고작 수상을 위해 특별 전담팀을 만들어 수상을 목표로 광고를 집행하기도 한다. 이는 광고제를 위한 광고인 셈인데, 주로 대기업 계열 광고회사에서 회사의 위상을 높이기 위해 보유한 광고주를 대상으로 수상이 될 만한 아이디어를 제안하고 광고제작비 전부 혹은 일부를 부담하여 광고를 집행하는 것이다. 그리고 이를 광고제에 출품해 수상을 하는 방법인데 이것이 과열되다보니 일부 회사에선 실행하지도 않은 광고를 마치 실행한 것처럼 연출한 뒤 광고제에 출품하여 수상을 한 것이 문제가 된 경우도 있다.

이렇듯 광고회사에서는 다양한 수상작을 만들고 싶어 한다. 그리고 광고제 수상은 회사의 위상을 높이는 일임과 동시에 그 광고를 만든 광고인의 커리어에도 상당한 도움이 된다. 세계 광고제에서 수상한 작품을 만든 경험이 있다면 근무하던 회사보다 조건이 더 나은 회사로 스카우트되기도 하고 어떤 회사로든 이직하기에도 용이하다. 이른바 광고제작의 흥행 수표와 같은 존재로 여겨지기 때문이다. 예로 일반인들도 아는 광고 천재 이제석 씨의 경우가 그러하다. 국내에서 많은 공모전에 참여했지만 수상하지 못했던 그가 과감히 유학을 떠나 공부를 하고 작품을 만들어 세계 광고제를 휩쓸어 순식간에 광고계의 스타가 된 것만 봐도 잘 알 수 있다.

이직이 잦다는데
대부분 어디로 하나요?

광고회사가 이직이 잦은 이유는 뭘까? 아마도 척박한 환경적 요인에 있을 것이다. 힘든 업무와 더불어 대부분 광고회사의 낮은 초봉이 원인이다. 그러므로 경력이 쌓일수록 이직에 대한 유혹은 많아질 수밖에 없다. 대리급에서 과·차장급까지는 광고회사에서도 연봉이 그리 부담스럽지 않으면서 핵심 실무자급 연차이기 때문에 특히 더 많은 비용과 처우를 약속하며 데려가는 경우가 많다. 반대로 신입사원의 경우는 경력이 없기 때문에 어디든 가기가 쉽지 않다. 광고는 업무를 배우고 능숙해지기까지 최소한 1년 이상의 경력이 필요하다. 인사담당자들은 그 경력을 채워야 그 이후부터를 경력으로 인정해준다. 광고일은 참 좋은데 함께 일하는 직장 상사가 맞지 않거나 회사의 문화 혹은 시스템이 맞지 않는다고 느껴도 보통은 1년 이상을 채우며 기회를 노리기 마련이다. 신입사원의 경우 2~3년 정도의 경력을 쌓아야 다음 회사로 이직할 때 대리 진급을 논의하며 옮길 수 있고, 업무에 대한 안정감이 있는 인재로 평가받는다.

이직은 다양한 방향과 방법으로 진행된다. 광고기획자로 경력을 쌓은 경우 아무래도 광고주와 소통하는 업무를 전담하면서 커뮤니케이션에 대한 스트레스를 많이 받게 된다. 이를 즐기는 타고난 광고기획자들도 있겠지만 대개는 점차 스트레스가 증폭

된다. 그러면서 광고라는 업이 본인에게 맞는지를 되묻기 시작하고 어느 정도 진로를 정하게 된다. 계속 광고업계에 남을 것인지 아니면 업계를 떠나서 광고주 혹은 또 다른 길을 찾아갈 것인지에 대해서 말이다. 광고기획자는 다양한 업무를 정교하게 해나가고 광고주와의 관계 혹은 광고를 수주하고 광고주를 영입하는 데 중요한 역할을 하기 때문에 기본적으로 업계의 수요가 많다. 작은 곳에서 경력을 쌓았어도 일만 제대로 한다면 원하던 광고회사로 금방 이직을 하기도 한다. 또한 마케팅적인 지식과 실행력, 광고회사에서의 업무능력을 기반으로 광고회사가 어떻게 돌아가는지 가장 잘 알기 때문에 광고주의 마케터로 이직하는 경우도 많다. 여하간 광고회사의 광고기획자는 광고회사나 광고주로부터 많은 수요가 있고 이직이 어렵지 않다.

제작팀의 디자이너 혹은 카피라이터 또한 광고주로 옮기는 경우가 있다. 디자이너는 다양한 광고주가 원하는 디자인을 작업하며 경험을 쌓고 선배들에게 배운 감각이 물이 올랐을 때 이직에 대한 기회가 자연스레 찾아오기도 한다. 또한 꾸준히 작업해온 광고제작물이 포트폴리오로 쌓이면 이를 잘 정리하여 이직하고 싶은 회사의 채용 소식이 있을 때 지원하기도 한다. 디자이너들이 이직하는 회사들을 봤을 때 광고업이 자신의 길이라 생각하는 경우에는 더 좋은 조건의 광고회사로 옮기는 경우가 많고, 광고업을 떠나 광고주의 디자인팀으로 이직하는 경우도 있다. 디자이너들은 경력이 쌓일수록 숙련도가 높아지므로 향상된 실력을 보여줄 수 있는 포트폴리오를 평소에 잘 정리해두는 것이 필요하다. 이직을 했을 경우 디자인 실력이 좋다면 어디서든 환영받을 것이다. 하지만 간혹 실력이 좋은 디자이너가 광고주로 갔다가 높은 연봉과 복지에는 만족하지만 광고회사다운 활기차고 새롭고 도전적인 일들이 없다며 다시 광고회사로 돌아오는 경우도 종종 있다. 혹은 그동안의 지겨운 야근에서 드디어 벗어났다고 기뻐하는 디자이너도 있다. 어떤 직종이든 실력만 있다면 도전해볼 수 있고 또 좋은 길을 열어갈 수 있을 것이다.

카피라이터의 경우 마케터를 하기에는 광고기획자보다 경험이 부족하고 디자이너를 할 수도 없다. 하지만 카피라이터가 가장 잘하는 것은 콘셉트, 문구 작성 등의 작업이기 때문에 대부분의 경우 광고주로 갈 때는 홍보팀으로 이직한다. 홍보팀에 가서 보도자료를 작성하거나 사내 홍보 문구, 브로슈어, 광고카피 등을 제작하는 것이다. 대행사를 쓰는 경우에도 광고회사에서의 경험을 살려 더 효율적인 방법으로 일할 수 있게 된다. 이외에도 출판사, 잡지사, 프로덕션 등 다양한 곳으로 이직이 가능하다. 보통의 경우 업계에 남아 있으면 더 좋은 회사, 더 잘 맞는 회사로 이직하게 되고 더 높은 연차가 되면 크리에이티브 디렉터가 되기도 한다.

월급 명세서				
새로운 시도에 대한 모험료	가끔 잘한 일에 대한 칭찬료	잘 안 풀리는 일에 대한 근심료	컨펌 앞두고 수정사항 불안료	밤낮없는 아이디어 고민료
×××	×××	×××	×××	×××

"사실 광고인의 월급내역서는 이러하다고 볼 수 있다."

겉보기에 은밀하고
위대한 광고회사

흔히 광고인을 치매에 걸릴 확률이 가장 적은 직업이라고 한다. 매번 새로운 제품이나 서비스를 광고해야 하며, 똑같은 제품이라고 해도 시장 상황이나 트렌드, 경쟁 상황 등에 따라 모든 것이 바뀌기 때문이다. 그러므로 늘 광고회사는 새로운 일과 도전의 연속일 수밖에 없다. 이 일을 즐길 수 있다면 마치 바다를 거침없이 항해하듯 자유롭고, 보석을 발견해 캐내듯 가슴 뛰는 일들의 연속일 테지만 광고업이 잘 맞지 않는다면 부담스럽고 피로감과 괴로움이 쌓이는 날들이 될 것이다.

사실 광고는 머리에 떠오른 좋은 아이디어만으로 완성되지 않는다. 좋은 광고는 발로 만든다는 말이 있다. 그만큼 뛰어다니며 찾고 고민해야 답을 얻을 수 있고, 완성도 높은 결과물이 나온다는 뜻이다. 소비자를 분석하기 위해서는 마트에 가서 직접 소비자들을 관찰하고 제품을 뜯어보고 맛보는 것, 기획의 방향과 메시지가 정확한지 테스트해보고 의견을 구하는 것, 좋은 광고영상을 찍기 위해 프로덕션 감독과 로케이션을 도는 것 등 모든 것이 발로 움직여 완성되는 셈이다. 즉, 노력 없이 아무것도 이뤄지지 않는 것이 광고다. 책상에 앉아서 일하지만 시공간을 자유롭게 열어두고 머리로 고민해야 하는 직업인 것이다. 아이러니하게도 우리는 자유로운 마인드를 가지고 아주 좁디좁은 책상에 머물러 있지만 말이다.

어느 곳보다 상업적이면서 동시에 예술적인 것을 추구하는 이율배반의 업무를 해나가는 곳인 광고회사에서는 이러한 특성을 반영해 일반 회사에서 할 수 없는 다양한 문화나 제도를 두어 생활하게 한다. 이를테면 필자의 회사는 출퇴근 시간을 자유롭게 열어두어 지각에 대한 스트레스 대신 삶에서 좀 더 여유를 갖게 만들었다. 이미 업무로 인해 스트레스를 많이 받고 있기 때문에 업무환경에서 오는 불필요한 긴장감을 주고 싶지 않았다. 광고회사로는 파격적이며 최초로 시도되는 것일 수 있는 주 4일제 근무도 도입한 지 1년이 다 되었다. 책임감 있는 사람들은 주어진 시간을 방종하지 않고 삶의 균형과 업무적 발전을 위해서 쓴다는 것을 믿기 때문이다. 때로는 이러한 부분이 광고회사에 대한 환상을 갖게 하지만 결국 자세히 들여다보면 그럴 수밖에 없어서 생긴 일들이기도 하다. 잘 모르면 좋아 보이고 실체를 알면 때론 불쌍해 보일 수조차 있는 일이 바로 광고일이다.

광고회사에만 있고, 광고인이기에 할 수 있는 일들이 생각보다 많지 않다. 이는 회사의 경영자의 방침에 따라 좌우되기 때문이다. 아무리 창의적인 일을 한다고 해도 일반 회사의 생태계보다 못하다거나 외려 관리와 억압이 심하다면 오히려 더 답답해질 수 있는 곳이 광고회사다. 그러므로 구직자 역시 광고회사를 고를 때 업계에 퍼져 있는 회사의 평판을 체크해야 한다. 회사만 구직자의 이력서를 보는 것이 아니다. 많은 경력자가 자신의 회사와 분위기를 외부에 말하고 다닐 수 있기 때문이다. 이처럼 광고회사라고 모두 창의적인 업무환경이거나 파격적인 조직생활을 꿈꿀 수는 없다. 아무리 많은 문화와 복지를 제공한다 하더라도 업무의 본질과 특성을 제대로 이해하지 않은 상태에서 제공한다면 반발을 사기도 쉽다. 지금까지 광고회사 직무들의 특성과 그것을 준비해야 하는 방법에 대해서 알아보았다면 이제는 평소에 듣기 쉽지 않았던 광고에 대한, 광고회사의 업무방식에 대한 다양한 이야기들을 담아보려 한다.

광고회사의
경쟁 P.T란 무엇인가요?

광고회사의 업무 중 경쟁 P.T야말로 가장 야생적이고 본질적이며 고생과 보람 혹은 실패와 성공을 단번에 느낄 수 있는 광고업무의 꽃이 아닐까. 자본주의 세상에서 대부분의 일은 경쟁에 속해 있다. 광고주 역시도 경쟁사의 제품이나 서비스와 매일 전쟁을 벌이며, 광고회사를 선정해 치열한 승부를 하고 있는 것이다. 그러므로 광고회사도 그 경쟁에서 자유롭지 않다. 광고주는 예산 대비 가장 좋은 결과를 기대하며 광고를 진행하려고 하는데, 수많은 광고회사 중 어떤 회사가 잘하는지 혹은 잘한다고 소문이 나 있지만 정말 우리 회사의 제품과 서비스를 잘 전달할 수 있는지 확신하기 어렵다. 때문에 예산 규모가 큰 건에 대해 광고주는 경쟁 P.T를 통해 최고의 전략과 아이디어를 내는 회사가 어디인지 보고 선택하고 싶어 한다. 과연 누가 가장 좋은 광고캠페인 아이디어를 가져오는지 가늠해보는 장을 열어 경쟁 P.T를 통해 승자를 정하는 것이 광고주의 광고회사 선정 방식이다.

광고주에게 신제품 혹은 새롭게 광고캠페인을 진행할 예산이 있을 때, 이를 잘 진행해 줄 광고회사를 찾기 위해서 RFP를 만든다. 'Request For Proposal'의 약자인 이것은 제안을 받기 위해 광고집행에 대한 핵심적 정보를 정리한 것이다. 이 RFP 안에는 광고주명, 광고주의 제품명, 제품의 특징과 소비자 타깃(코어타깃과 서브타깃으로 구분), 소요되는 마케팅 광고예산, 광고집행이 되어야 할 스케줄, 기타 유의사항 및 경쟁 P.T 일시와 장소 등이 적혀 있다. 이것을 광고주는 그간 함께 광고를 만들어 온 대행사들 중 일부에 보낸다. RFP를 받은 광고회사들은 이를 토대로 현재 회사의 업무 스케줄, 입찰이 가능한지 확인(이를테면 광고주의 경쟁사와 연간 대행이 맺어져 있는 상태인지, 회사 내규상 진행하면 안 되는 프로젝트는 아닌지 등), 경쟁 P.T 진행 시 주력 멤버들은 누구로 할지 등을 고려해 입찰 여부를 결정한 후 광고주에게 경쟁 P.T의 참여 의사를 밝힌다. 만약 참여하지 않게 되었을 때에는 정중히 이유를 설명하고 거절하기도 한다. 이렇게 RFP를 보낸 여러 대행사 중 보통은 3~5개 광고회사를 선정해 정해진 경쟁 P.T 날짜에 제안을 받아보게 된다.

이때 각 광고회사들은 제품에 대한 기본적인 정보와 자료 수집, 아이디어 회의를 하며, 광고 시안작업에 필요한 디자인 소스나 제품에 대한 설명서 등을 광고주에게 요청하기도 한다(이때 광고주는 대외 비밀을 강조하여 일부 자료만 전해준다). 그러고는 회사에서 많은 시간을 고민하고 회의한 것을 토대로 경쟁 P.T에 가져갈 제안서와 제작물을 완성해 챙긴다. 제안서에는 보통 시장, 제품, 소비자, 경쟁사 등 다양한 정보를 분석해 독창적인 인사이트를 추출하고 제품이 정확히 나가야 할 바를 짚어낸다. 그리고 이를 소비자들에게 어떻게 전달하면 좋을지에 대한 전략과 콘셉트, 메시지가 담겨 있다. 그 후 이와 연결된 광고제작물을 보여주는데 영상 시안, 디자인 시안 등 소비자에게 어떻게 전달할 것인지에 대해서 광고주의 머릿속에 그려질 수 있도록 작업한다. 또 제안서에는 회사 소개의 내용도 간략히 포함되어 있어 회사 규모나 맨파워, 업무환경에 대해서도 소개된다.

경쟁 P.T는 광고회사들이 순서를 정해서 진행되며 보통 30분간 발표하고 10분 정도 질의응답 시간을 갖는다(이보다 더 적거나 혹은 많기도 하다). 이때 광고주가 보면서 의문이 든 점이나 생각들을 서로 나누고 인사를 한 후에 마무리된다. 경쟁 P.T를 마치고 나가다보면 다음 광고회사의 멤버들이 대기하고 있는 경우가 많은데, 이때 간혹 아는 사람을 만나기도 한다. 광고주는 현장에서 보고 들은 제안과 아이디어를 토대로 채점을 하고 종합적으로 평가한 후 2~3일 안에 광고회사들에게 결과를 통보한다. 보통은 합격 시에 전화로 수주 통보를 하며 탈락한 대행사들에게는 이메일을 통해서 아쉬운 마음과 감사를 전한다.

선정된 광고회사와는 제안한 내용을 기반으로 수정이나 보완되어야 할 사항들을 논의하며 실행 준비에 들어간다. 광고회사는 승자가 독식하는 구조로 2등부터 꼴등까지는 모두 패배자인 셈이다. 간혹 2개 이상의 대행사와 연간 계약을 맺고 각 대행사에 번갈아가며 광고를 의뢰하는 경우도 있다. 이때에도 1등 회사에는 규모가 조금 더 큰 건을 맡기며 2등 회사에게 그보다 작은 건을 의뢰하는 경우가 많다.

광고회사만의
특별한 문화는 무엇인가요?

광고회사는 일반적인 조직문화와는 업무뿐만 아니라 일하는 방식과 패턴 등이 다르다. 따라서 정시에 출근은 하지만 정시에 퇴근은 불가능한 즉, 규칙적인 생활이 어려운 업무환경이기도 하다. 간혹 업무가 일찍 끝나면 정시에 퇴근하는 날도 있지만 일반적으로 많지는 않다. 그러다보니 자연스레 매일매일 오랜 시간을 회사에서 보내고 집에는 잠시 다녀오는 수준이며, 곧 다시 회사로 돌아와 동료들과 만나게 된다. 그래서 여러 이야기를 나누고 함께할 수 있는 문화를 만들어 동료들과 하나가 되게 만드는 것이 중요하다. 이는 업무를 함에 있어 시너지 효과를 내는 중요한 부분이다. 물론 외국계 회사 중에서는 개인적인 문화가 있어서 서로 간섭 없이 일하며, 일을 명확하게 분배하고 그에 따른 책임을 부여하기도 한다.

하지만 한국에서의 광고회사 생활은 대부분이 수직관계이고 팀 단위로 움직인다. 그래서 어떻게든 서로를 동료로 느끼게 하고 웃으며 일할 수 있는 프로그램을 많이 개설한다. 광고회사의 보편적 복지는 바로 동호회 활동이다. 회사에서 보내는 시간이 많지만 대부분 광고회사의 동호회 활동은 활발하지 못하다. 왜냐하면 집에 갈 시간도 별로 없는데 특별 활동을 할 여유는 더더욱 없기 때문이다. 때문에 그나마 시간이 많이 소요되지 않고 빨리할 수 있는 활동을 주로 하는 편인데, 단체로 영화나 뮤지컬을 관람하는 것이다. 광고회사의 경우 직원 중 여성이 많은 비중을 차지하기 때문에 문화활동, 소풍이나 나들이 등 소박하게 어울릴 수 있는 환경을 만들기도 한다.

특히 서로 생일을 축하해주는 것은 보편적인 문화다. 생일날 출근해서 자정이 넘도록 야근하는 경우가 심심찮게 있다. 그러다보니 가장 가까이서 챙겨줄 수 있는 것이 가족보다 오히려 동료일 경우가 많다. 그 외에도 결혼기념일 등의 행사도 챙기지 못하고 회사에서 보내기도 한다. 한번은 광고주와 약속한 광고집행일이 미뤄져 부득이하게 날짜를 맞추느라 야근을 하는데 하필 그날이 결혼기념일일 때도 있었다.

그 외에 해외 워크샵을 간다거나 다양한 복지와 이벤트 등을 진행하는 경우가 많다. 주기적으로 간단한 이벤트를 열기도 하고, 서로의 전문성을 기반으로 잠깐씩 배울 수 있는 클래스를 만들기도 한다. 광고계는 빠르게 바뀌기 때문에 이를 위해 스터디를 정기적으로 여는 경우도 있고, 인기 강사를 초빙해 전사적으로 특강을 듣는 날도 있다. 옆 팀 혹은 본인의 팀에서 막 제작한 광고제작물을 보여주며 공유하고 댓글을 달아달라고 부탁하기도 한다. 또 워크샵도 형식적인 것이 아니라 가서 즐기며 어울릴 수 있는 프로그램을 짜기 위해 전담팀(TFT)을 구성해 열심히 준비하는 경우도 있다.

하루하루는 정신없이 지나가지만 그 안에 함께하는 동료가 있어 위로가 되고, 서로 응원하며 때론 그들 덕분에 웃기도 한다. 많은 어려움과 생각지 못한 변수들이 가득하고 때론 숨 막히게 바쁘고 치열하지만 광고회사만의 남다른 분위기와 문화를 제대로 누린다면 그 어떤 좋은 조건의 회사보다 행복하게 다닐 수도 있는 곳이 바로 광고회사의 매력이다.

Q & A

아이디어는 대부분 광고 실무자들에게서 나온다. 실무자라 함은 광고기획을 담당하는 AE, 카피라이터, 디자이너, 크리에이티브 디렉터 등이다. 이들은 광고주가 준 과제를 중심으로 다양한 자료를 토대로 고민한다. 하지만 이때 중요한 것은 역할이 구분되어 있기 때문에 서로 정확한 아이디어의 판단을 요한다는 점이다. 보통의 경우 기획 쪽이 낸 아이디어는 너무 전략적이고 제작 쪽에서 낸 아이디어는 너무 튀는 경향이 있다. 그래서 모두가 좋은 안목과 기준으로 서로의 아이디어를 살펴 걸러주며, 살을 붙여주고, 때로는 잘라주는 것이 필요하다. 이렇듯 광고의 업무를 하는 실무자들은 역할과 상관없이 누구나 아이디어를 낼 수 있다.

회사에 따라 지나치게 한쪽의 힘이 큰 경우 아이디어가 편중되기도 한다. 예를 들어 광고기획자가 낸 아이디어가 좋다면 제작 쪽에서 이를 다듬어 광고제작이 이루어지기도 한다. 반대로 제작 쪽이 낸 아이디어가 좋다면 기획의 논리를 살짝 비틀어 맞춰 아이디어를 살리기도 한다. 가장 좋은 것은 누가 봐도 맞는 전략 방향 위에 광고 크리에이티브가 발휘되는 경우다. 이 환상의 비율은 너무나 견고해서 누가 봐도 고개를 끄덕이게 만든다.

논리적인 접근이 맞느냐 감성적인 접근이 맞느냐에 대해 오랜 시간 동안 광고인 선배들이 다양한 견해로 논의를 벌이기도 했다. 과학적 광고와 논리적 접근에서 해답을 찾아 제작물을 만든 광고계의 거장도 있고, 전략에서 비롯되었지만 누구도 생각지 못한 새로운 아이디어를 통해서 사람들의 뇌리에 박히는 광고를 만든 거장도 있다. 하지만 결론적으로 그 어떤 광고아이디어도 논리와 감성, 기획과 제작이 따로 갈 수 없다. 어떤 아이디어든 1차로는 동료들을 설득하고 2차로는 광고회사 상사들을 설득하며 3차로는 광고주를 설득해야 하고 마지막으로 소비자들을 설득해야 한다. 정교한 광고아이디어에는 설득력이 있다. 그리고 그것은 훌륭한 광고효과를 만들어내고 업계에 회자되는 선례를 만든다. 이를 위해 아이디어는 누구든 낼 수 있고, 열정적인 사람이 다양한 의견을 내며, 경험이 많은 사람이 잘 선별하고, 잘하는 사람이 성과를 낸다.

광고회사에서 역시 모든 사람들이 다 잘할 수는 없다. 모두의 강점과 재능이 차이가 난다. 그렇기 때문에 호흡이 중요하고, 그 호흡과 서로 간의 합이 좋은 광고를 만드는 데 큰 도움이 되는 것이다. 아이디어는 누구나 낼 수 있지만 그 아이디어에 대한 최종 책임을 질 사람이 있어야 한다. 그가 바로 크리에이티브 디렉터다. 전략적으로 맞는지, 광고주의 미션에 부합하는지, 과연 소비자들이 좋아할 것인지 등을 다각적으로 신속하게 파악해서 결정해야 한다. 같은 아이디어라 하더라도 어떻게 표현하느냐에 따라서 전혀 다른 것처럼 보이기도 하고 좋은 아이디어라 하더라도 잘 표현하지 못하면 시시한 아이디어가 된다. 반대로 평범해 보이던 아이디어도 발전시켜서 재미있게 만들 수 있는 것도 광고인들의 능력이자 재능일 것이다.

광고회사는 기본적으로 아이디어를 만들고 이를 판매하는 서비스업이다. 따라서 아이디어가 좋지 못하면 회사가 오래 지속될 수 없고 일류가 되기 어렵다. 그러므로 누구나 작은 아이디어라도 의견을 내고 또 최종적으로 정리된 아이디어는 훌륭해야 한다. 이 일을 위해서 광고인이 되는 사람이 많지만 사실 능숙하게 아이디어를 내고 회의에 참여하기란 경력 혹은 실력이 부족하면 함께하기 어렵다. 신입사원이거나 연차가 낮을 때는 발언권을 얻었을 때 아이디어를 내지만 대부분 논리에서 어긋나거나 제작비가 지나치게 비현실적으로 드는 아이디어이거나 재미없는 경우가 많다. 그래서 아이디어에 대한 욕심을 내다가 스스로 한계에 부딪혀 광고일에 대해 고민하기도 한다.

하지만 아이디어를 내는 일은 실제 업무 중 20%의 비중도 차지하지 않으며, 오히려 단순 정리, 커뮤니케이션 업무들이 더 빼곡해 조금 허무한 시간을 보내기도 한다.

아이디어에 대한 열정과 재능은 반드시 시간이 지나며 빛을 발하게 되어 있고, 한번 노하우를 체득하면 지속적인 경험을 통해서 잘할 수 있다. 아이디어맨은 타고난 재능으로 시작해 경험으로 완성되는 것이며, 타고난 재능이 부족한 경우라면 더 많은 노력으로 어느 정도는 극복할 수 있다.

광고를 소재로 한 드라마는 현실과
어떤 차이가 있나요?

광고인이 겉으로 보기에는 자유로워 보이고, 감각적인 영상이나 광고캠페인을 만들기 때문에 특별하게 보는 경우가 많다. 때론 광고를 소재로 한 드라마를 보는 대중의 그러한 시선이 어색하게 느껴지기도 한다.

사실 10여 년도 더 전에 KBS 2TV를 통해 방영되었던 〈광끼〉는 광고를 소재로 한 대표적인 드라마다. 광고동아리 대학생들의 우정과 사랑, 번뜩이는 아이디어에 대한 열정 등을 보여준 이 드라마에서는 대학생이 가지고 있는 기본적인 발랄함과 톡톡 튀는 느낌의 창의적 성향이 어색하지 않게 묻어났다. 그러나 광고인의 입장에서 봤을 때 프로 광고인을 다루는 대부분의 영화나 드라마는 많이 왜곡되어 있는 것이 사실이다. 그 중 외형적인 부분이 특히 그러한데, 대부분이 잘생겼거나(또는 예쁘거나) 혹은 개성 있게 보인다. 개성 있다는 점은 어느 정도 비슷하지만 꼭 잘생긴 사람, 예쁜 사람만이 광고일을 하지는 않는다. 외모로 사람을 뽑지 않는 광고업의 본질적인 특징 때문이기도 하다(때로 전략적으로 외모를 보고 선발한다고도 하지만 이 역시 일반적이지는 않다). 광고인의 하루하루는 백조와 같다. 호수에 고고하게 떠서 물 위를 즐기는 듯하지만 수면 아래의 발은 얼마나 바쁘고 고달픈지 모른다. 사실 드라마나 영화에서 나오는 광고인은 하나같이 자유롭고 멋지며 번뜩이는 아이디어가 많다. 그리고 마치 아이디어가 광고를 만드는 데 전부인 것처럼 나온다. 앞서 이야기했지만 광고인의 삶은 기본적으로 바쁘고 고달프다. 아이디어를 내고 박수치고 즐거워하는 것은 처음 그 아이디어를 냈을 때와 마침내 그 아이디어를 매체에서 결과물로 확인했을 때다. 그 나머지는 수정사항에 시달리고 마감이나 납품에 목을 매며 야근을 일삼는다. 그래서 매체를 통해 보이는 광고인의 삶과 실제 광고인의 삶에는 다소 차이가 있다.

또 광고드라마에 등장하는 광고기획자는 일단 잘생겼거나 예쁘고, 비즈니스 정장 차림이다. 주인공으로 등장할 때는 더더욱 그렇다. 차분한 어조로 광고주에게 신뢰를 주고, 때론 프레젠테이션에서 회장님 앞에서도 정확한 전문가로서의 의견을 굽히지 않고 피력하는 모습이 당차기까지 하다. 광고주는 그 도발에 넘어가고 결국 광고집행을 결정한다. 그러나 이러한 모습은 정말 드라마틱한 상황이다. 우선 광고기획자는 주로 광고주 미팅이 잦기 때문에 대부분 깔끔하거나 좋은 인상을 주는 정도의 차림을 유지한다. 또한 프레젠테이션을 잘하긴 하지만 개중에는 못하는 사람도 많다. 특히 광고주, 회장님의 말에 말대꾸를 하거나 발칙하게 대응하는 행동은 광고집행이 조용히 중단되거나 광고주를 잃게 될 확률을 높인다.

게다가 카피라이터나 디자이너는 거의 예술가처럼 나온다. 면도도 안 해서 까칠까칠한 얼굴을 하고는 커피 잔과 담배가 수북이 쌓인 책상에 기대앉아 있다. 쓱쓱 무언가를 쓰면서 몇 번 고민하거나 고뇌에 찬 모습으로 있다가 무언가 탁! 하고 떠오르면 모두가 놀랄 만한 번뜩이는 아이디어를 내놓는다. 그러면 드라마 속에서는 그 아이디어가 대단한 것이 되어 위기의 상황을 벗어나게 하거나 어려운 문제를 해결해 팀원들과 서로 좋아하며 하이파이브를 한다. 이러한 장면 역시도 현실과는 동떨어진 상황이다. 카피라이터나 디자이너 역시 분주히 자료조사를 해야 하고 고민하는 시간이 길며 시간에 쫓기면서 카피와 디자인 콘셉트를 짜는 데 끙끙거려야 하기 때문이다.

아이디어가 탁! 떠오른다 해도 이것이 제작팀장인 크리에이티브 디렉터에게 통과되고 기획팀이 수긍해 광고주가 컨펌하는 상황까지 생각보다 꽤 많은 횟수에 걸쳐 컨펌이 이루어지고 그 과정에서 아이디어는 수십 번 뒤집어질 수도 있다. 설사 제안 스케줄에 맞춰 가장 좋은 것으로 선별해 광고주에게 제시한다고 해도 단번에 통과되지 않는다. 최소 2~3번은 광고주 담당자, 광고주 팀장님, 광고주 부장님, 광고주 이사, 상무님, 최종 사장님까지 단계를 거치며 광고주 내부에서도 컨펌이 나야 아이디어가 마무리된다. 하지만 이 와중에 받는 과도한 스트레스에 대해서는 광고를 소재로 한 드라마나 영화에서 그다지 비중 있게 다루지 않는다.

또 힘들게 수주한 광고가 광고주 사정에 의해서 무기한 연장되기도 하고, 촬영현장에서 사고가 나서 누군가 다치기도 하고, 준비가 부족해서 부랴부랴 공수해오는 소품도 있고, 생각지 못한 방법으로 여러 변수가 발생하는 것이 광고일이다. 예를 들어 영화나 드라마 속 택시 타는 장면이 있다. 만약 이별을 하려는 연인이 택시를 탄다면 보통 여성이 매정하게 택시를 탄다. 그리고 문이 닫히자마자 출발한 후 다음 장면에서 멈춰 서고 바로 내린다. 하지만 현실에서는 이별을 한 사람이라고 하더라도 택시를 탔으면 행선지를 말해야 하고, 일행이 탈지 타지 않을지 모르면 대기해 있는 것이 보통이다. 또 도착한 후에는 반드시 비용을 지불하고 내려야 한다. 이처럼 영화나 드라마에서 간단하게 그려진 부분들이 현실과 동떨어진 것이 많다. 광고인의 모습도 마찬가지다. 고뇌와 습관처럼 하는 야근 등 일상에서 마주하는 다양한 광고인의 모습은 가볍게 건너뛰고 치열한 고뇌와 멋진 결과물만 드라마에 남아 있을 뿐이다(그나마도 남녀 주인공이 연애하느라 일하는 장면은 별로 나오지 않는다).

한 사람의 광고인으로서 진심 어린 마음으로 기대해본다. 정말 현실 같은 광고회사를 배경으로 한 본질에 입각한 드라마나 영화가 나오면 얼마나 좋을까 하고 말이다. 진심으로 광고인의 고뇌와 광고 만드는 일에 대한 고단함을 진정성 있게 다루면서 그 안에서 로맨스라든지 여러 광고회사와의 경쟁과 같은 흥미 있는 소재를 넣으면 참 괜찮을 것 같다는 생각도 해본다.

때때로 24시간이
모자란 광고인들

한 사람의 광고인으로, 카피라이터이자 작가로 살다가 크리에이티브 디렉터가 되었다. 광고인으로 살며 때때로 무라카미 하루키 작가가 한 말이 떠올랐다. '어떻게 쓰느냐에 관한 문제는 어떻게 살 것인가와 같다.' 그런 의미에서 삶도 한 자루 연필처럼 계속 써 내려가는 인생이라 생각한 적이 있다. 어떤 재질, 어떤 색깔의 연필을 쓸지는 각자의 몫이지만 그것으로 어떻게, 무엇을 써 내려가느냐는 전혀 다른 문제이다. 특히 삶 가운데 연필을 깎으면서 느끼는 것이 그렇다. 내 인생의 연필이 멋진 말을 남기되, 깊이 있는 진심이 담겼으면 좋겠다. 그런 의미에서 'Life is Writing'이라 말하고 싶다.

나는 어떤 제작물이든 언어에서 시작된다고 믿었다. 이후 메시지의 표현방식에 따라 키비주얼(Key Visual)이라 불리는 이미지가 되고 영상의 모티브가 된다고 생각했다. 결국 잘 기억하려면 언어화된 요소가 있어야 하는데, 그 역할을 하는 것이 바로 콘셉트이자 카피라고 생각했다. 그래서 내가 하는 일이 크리에이티브한 작업의 출발점이자 콘셉트이며, 소비자에게 명확한 소구점으로 도달할 수 있는 마지막 골인점이라 여기며 일했다. 광고에서의 카피는 뼈 중의 뼈(콘셉트)요, 살 중의 살(메시지)인 것이다.

　광고인은 일상의 모든 것에서 크리에이티브한 영감을 얻는다. 소비자들과 같은 일상성을 공유하며 느끼고 산다는 것은 보편적 기준의 잣대를 파악하게 해 아이디어에 균형감을 갖게 한다. 아무리 좋은 광고아이디어도 소통과 공감이 일어나지 않는다면 의미 없는 반짝임에 불과할 것이다. 광고는 결국 일반 소비자들이 보는 것이기 때문이다. 세상을 바꿀 만한 위대한 아이디어도 결국 한 사람에 대한 사랑에서 비롯되는 경우가 많다. 발명품 대부분이 사랑하는 사람을 더욱 편하게 해주고 싶어서 만들었다가 특허로 이어지는 것을 보면 알 수 있다.

　그렇기 때문에 광고인들은 무엇보다 가장 훌륭한 기표를 일상의 규칙에서 찾아야 한다. 휴머니즘 광고 대부분이 지극히 일상적이지만 따뜻한 감성을 느끼는 순간에서 비롯된다. 아이의 잠자는 모습, 사랑하는 이의 웃는 모습, 버스나 지하철에서 들리는 이야기와 그 말을 하는 사람의 마음을 생각해보는 것이 기본적으로 도움이 된다. 그렇게 일상에서 자유롭게 발상하고 다듬는 것이 복잡한 머릿속을 정리하고 연습하는 데 도움이 된다. 운동선수가 기초체력을 위해서 달리기와 체중 조절을 하듯 두뇌 근육을 사용하는 광고인들에게 꾸준히 두뇌를 자극하는 상상력 운동은 기본이다. 업무에 있어서 철학은 다소 진지할 수 있으나 일상을 조금 더 관심 있고 깊이 바라볼 수 있어야 한다. 그 안에 통찰력이 생기고 새로운 이야기를 찾아낼 수 있을 테니 말이다. 이런 관점에서 광고회사와 광고인의 삶이란 결국은 업무의 연장이다.

　무수히 많은 정보 가운데에서 의미 있는 것을 찾아내고 일상 가운데에서 즐기고 그 안에서 관찰하고 생각하며 때때로 상념에 빠진다. 일시적으로 스트레스를 풀기 위해 취미 활동을 하고 각자마다의 방식으로 자신의 삶과 광고업의 균형을 찾아야 한다. 최선을 다해서 만든 광고도 결국 만든이의 것이 아니라 광고주의 것이거나 사랑받는 제품과 서비스의 것이다. 또 애착을 갖고 만든 광고도 보통 1년이 지나면 다른 광고회사로 대행이 넘어가거나 혹은 콘셉트가 변경되거나 혹은 사라지기도 한다. 그래서 가끔은 내려놓는 연습도 필요하다.

주말이나 휴일에도
일하는 경우가 많나요?

광고인을 조금 다르게 표현하면 지식 노동자이자 서비스 근로자이다. 광고업 역시 농업적 근면성이 있어야 하며 장인정신이 깃들어야 하는 분야이다. 광고인도 일하면 피로가 쌓이는 사람이며 누구보다도 쉬고 싶고 야근하고 싶지 않다. 집으로 가서 가족과 함께 따뜻한 저녁도 먹고 싶고 애인이 있다면 데이트도 하고 싶을 것이다. 하지만 우리는 출근하고 일에 파묻히며 정신을 차리면 밤이 되어 있고 습관처럼 야근을 하고 있다. 그리고 자정이 되면 퇴근하는 것이 대부분의 일상이다. 그 이유는 사실 간단하다. 평일은 광고주도 업무가 많기 때문에 그 영향이 광고회사로 이어지는 것이다. 광고주가 일이 많으면 광고회사는 더더욱 일이 많을 수밖에 없다. 하지만 주말이나 휴일에도 광고인들이 일하는 이유는 뭘까?

광고인의 촬영은 평일보다 주말에 잡히는 경우가 잦다. 연예인, 모델의 스케줄이 주말이 가능한 경우가 많거나 로케이션 상황이 평일보다 주말이 좋은 경우가 대부분의 이유다. 그러다보니 촬영준비로 야근을 하고 바쁘게 일하다가 주말에는 촬영을 하고, 다시 월요일에는 출근을 하는 상황이 이어진다. 그래서 광고인은 피로가 쌓일 수밖에 없다. 때로 쉬고 싶지만 또 다른 업무들이 즐비하다. 물론 촬영장에서의 일이 생동감 넘치고 즐거울 수도 있지만 촬영이 끝나면 그만큼 긴장이 풀리며 피곤해진다. 촬영 역시 스튜디오 촬영이라고 하면 서울 혹은 수도권에서 간편하게 진행되지만 야외촬영이면서 이동이 잦은 경우 피로가 더 쌓이게 되고, 해외촬영인 경우 장시간 비행, 현지 적응과 촬영, 긴장되는 일정들을 소화하다보면 아무리 좋은 해외촬영지를 가도 그것을 느낄 수 없을 만큼 피곤만 쌓여서 돌아오는 경우도 많다. 대부분의 해외촬영도 주말을 끼고 가기 때문에 주말에 일하는 경우가 잦은 것이다.

또 주말과 휴일에 근무하는 이유는 급한 제안 일정 때문이다. 광고회사에서 중요한 경쟁 P.T가 주말 직후인 월요일로 잡혀 있거나 공휴일 연휴가 끝난 직후로 잡혀 있다면 광고회사는 거의 대부분 P.T 준비로 공휴일을 보낸다. 아무리 여유 있게 미리 준비해도 마치 시험 보는 전날처럼 벼락치기든 끝마무리든 공부를 안 할 수 없고, 혹은 더 열심히 해야 하므로 경쟁 P.T 준비는 쉬는 날 더 치열하게 이뤄질 수밖에 없다. 시골에서 가족이 상경해 꼭 봐야한다든지, 몇 해 전부터 계획해오던 여행 일정이 있다든지 하는 부득이한 경우에는 예외적으로 동료를 보내주기도 한다. 하지만 그 동료는 볼일을 마치는 대로 다시 회사에 합류하여 일하는 것이 보통이다.

담당 광고주의 급한 요청이 있는 경우에도 주말에는 일하게 된다. 평일에도 열심히 일했지만 잔업이 남기 마련이다. 혹은 주말을 맞이한 금요일에 급하게 월요일까지 전달해야 할 업무가 오기도 한다. 이때는 어쩔 수 없이 회사에 출근해 주말에 일하는 것이 마음도 몸도 편한 상황이 된다. 주말에 대책 없이 개인 시간을 보내고 즐기면 월요일이 되었을 때 제대로 준비되지 않은 것을 광고주에게 보내야 하는 민망한 상황이 발생하게 될 것이다. 따라서 누가 시키지 않아도 스스로 판단해 주말 근무를 결정한다. 보통 금요일 밤을 신나게 놀고 토요일에 일을 한다든지, 토요일에 열심히 일하고 일요일을 쉰다든지 등 자신만의 주말 스케줄을 그려보고 여유를 갖는 것이 좋다. 이 역시 주말 근무가 수시로 찾아옴에 따라 스스로 업무 양과 난이도에 따라서 머릿속에 자연스럽게 스케줄을 잡는 것이다.

마지막으로 주말 근무가 생활이 되는 경우다. 일이 아주 많지도 않고 어려운 준비나 촬영이 있는 것도 아니지만 이미 몸이 주말 근무에 익숙해져버린 것이다. 가장 위험하면서도 흔히 볼 수 있는 모습인데, 회사 출근이 삶의 일부가 되어버린 경우라 할 수 있다. 주말 근무를 함으로써 얻을 수 있는 이익이나 안도감이 몇 가지가 있을 텐데 직장 상사에게 성실함을 어필하며 눈도장을 찍는 것, 조금 더 여유 있게 집중할 수 있는 시간을 가진다는 심리적 안정감, 작은 보상이지만 주말 근무 시에 주어지는 회사의 특전 같은 것이 있기 때문이 아닐까 한다. 때로 언제 무슨 일이 어떻게 생길지 모르는 것이 광고회사의 스케줄이기 때문에 이러한 불안 심리를 방어하는 것으로 주말 근무가 몸에 배기도 하는 것 같다. 하지만 불필요하거나 과도한 특근은 스스로를 포함해서 동료들에게 부담감을 준다. 무엇보다도 자연스레 주말 근무가 생활화되는 분위기를 조장할 수 있다. 모두의 행복을 위해 되도록 주어진 업무 시간에 일하며 최대한 개인의 삶을 누리는 것이 광고인으로서 오래 일할 수 있는 좋은 방법이 아닐까.

공익광고처럼
좋은 광고만 만들 수는 없나요?

광고는 광고주가 광고회사에 의뢰를 해야 만들 수 있는 것이므로 광고회사가 주체가 되어 특정 광고만 제작하기란 어렵다. 공익광고는 보통 광고공사에서 공익을 위해 제작하기 때문에 이를 광고주로 둔 회사라면 가능하다. 혹은 NGO 단체를 광고주로 둔 경우 사회적 약자나 불우 이웃, 소외 계층 등에 관심을 가지고 기부할 수 있도록 광고를 제작하기도 하는데 이 역시도 이를 광고주로 둔 경우에 가능하다. 기본적으로 다양하고 많은 광고주를 두어야 제작할 수 있는 광고가 많아지고 광고회사도 수익을 낼 수 있기 때문이다. 따라서 편식하듯 광고를 골라내고 좋은 광고만 선별해 집행하기란 불가능에 가깝다. 단, 광고인들은 기본적으로 사회적 책임을 가져야 한다는 점에서 사회에 해악을 끼치는 광고제작은 지양해야 할 것이다.

몇 광고회사의 경우 사회적으로 해가 될 수 있는 제품이나 서비스의 광고주는 담당하지 않겠다고 선언하는 경우도 있다(필자의 회사 역시도 작은 규모지만 이에 포함된다). 도박, 사채, 주류, 담배 등의 광고를 하지 않는 것으로 제한한 것이다. 사실 이들 서비스나 제품은 굉장한 판매가 기본적으로 이뤄지기 때문에 광고비도 어마어마하다. 하지만 광고회사마다의 철학이나 경영진의 윤리적 기준에 따라 이처럼 광고를 선별해서 제작하는 경우가 있다는 것을 밝히고 싶다.

일부 광고회사는 좋은 광고를 무상으로 만들어 재능기부를 하기도 한다. 좋은 일을 하지만 광고비가 없어서 이를 알리지 못하는 사회적 단체나 기부 단체가 있는 경우 광고인들이 재능을 모아 실비만 받고 이를 서비스로 제공하는 것이다. 모두들 바쁜 광고회사 생활에 지쳐 있지만 때때로 시간을 쪼개 사회를 이롭게 만드는 광고를 만들었을 때 기분 좋은 만족감과 보람을 느끼게 된다. 규모가 크고 기부금이 많이 들어오는 큰 단체들은 마케팅, 광고비용이 어느 정도 담보되어 있지만 영세하고 작은 단체의 경우에는 광고를 제작하는 비용도 없을뿐더러 어떻게 광고를 기획하고 제작해야 하는지에 대해서도 막막하다. 따라서 광고인의 재능이 약간의 헌신으로 이뤄진다면 상상 이상의 큰 힘이 될 수 있다.

좋은 광고만 만들고 싶은 것은 모든 광고인의 꿈이겠지만 광고회사의 생존을 담보하는 수익과 직결되지 않으므로 좋은 광고만 꾸준히 만들기란 어려운 상황이다. 그러므로 광고비를 받지 않고 재능기부로 진행하는 프로젝트가 있다면 그 기회를 활용하면 좋을 것이다. 세상과 이웃을 이롭게 하는 광고를 제작하는 것에 큰 의미가 있으므로 이 일에 동참하는 광고인들이 많아졌으면 하는 바람이다.

광고인들은
어떻게 휴가를 보내나요?

광고인들에게도 일반 회사원들처럼 1년에 12~15일의 휴가가 공식적으로 주어진다(중도 입사자의 경우 1달에 1일 휴가를 쳐서 반영하는 경우도 있고, 이보다 더 보수적인 광고 회사도 있다). 그 휴가는 개인적인 일이 있을 때에 자유롭게 사용한다. 다만 최고의 걸림돌은 광고업무의 스케줄이다. 아무리 멋진 휴가를 계획해놓았어도 막상 휴가 가는 날 중대한 일이 터져서 '내가 아니면 처리할 수 없는' 상황이 벌어졌을 때 심지어 휴가를 취소하고 다음을 기약하며 일을 하기도 한다.

바쁜 스케줄이 일상이 된 광고인들은 편히 휴가를 보낼 수 있는 시간이 거의 없다. 기본적으로 자기 광고주를 충실하게 감당하고 여러 브랜드의 일을 함께 소화한다면 늘 분주하게 움직여야 한다. 그런 와중에 쉬고 싶어서, 떠나고 싶어서 휴가를 가는 경우란 거의 없다. 이른바 갈 수 있을 때에야 비로소 편히 떠나는 것이다. 휴가는 떠나야 하지만 일이 남아 있는 경우는 해외든 어떤 곳이든 노트북과 스마트폰을 활용해 업무를 보는 경우가 많고 이는 매우 일반적인 풍경이다. 이를테면 유럽으로 떠난 김 대리가 다음 날 이메일로 업무 관련 메일을 보낸 경우라든지, 동남아에서 쉬고 있는 이 팀장이 스마트폰 메신저를 통해서 시안을 확인하고 컨펌을 한다든지, 심지어 병원에 입원해 있는 권 차장이 업무에 대한 요청사항을 부탁한다든지 하는 경우다.

광고인은 기본적으로 일이 많다. 그리고 그 흐름은 계속된다. 일이 갑자기 동시다발적으로 한가해진다면 그것은 정말 운이 좋은 경우다. 이를 제외하고는 A 광고주가 비수기 일 때는 B와 C 광고주가 성수기이고, 모두가 쉰다고 할 때는 느닷없이 D 광고주의 신규 영입을 위한 경쟁 P.T가 벌어지기도 한다. 의도적으로 일을 안 하려고 해도 '되는 회사에는' 광고의뢰가 끊이지 않는다. 회사 입장에서는 행복한 고민이기도 하지만 직원들에게는 업무가 지나치게 과중되는 경우가 많다. 결국 쓰지 못한 연차가 쌓여 연말이 되면 이에 대한 안내 메일이 전사에 뿌려지곤 한다.

올해 연차 소진에 관한 안내문

안녕하세요. 인사팀 ○○○입니다. 금년도에 연차휴가를 쓰지 못한 분들이 많은데 기본적으로 주어지는 연차휴가는 올해가 지나가면 모두 소진됩니다. 이에 유의하여 남은 휴가를 계획 있게 사용해주시기 바랍니다. 연차휴가 외에 근속년수로 붙는 휴가에 관해서는 급여에 보상을 해드리고 있으니 참고해주시기 바랍니다. 남은 연차는 아래 회사 인트라넷에서 확인할 수 있으며 궁금하신 사항이 있으면 언제든 인사팀에 와서 상의해주시기 바랍니다. 감사합니다.

물론 광고회사에도 일반적인 직장인들에게 찾아오는 '여름휴가'가 있긴 하다. 그 여름휴가를 사용하는 방법도 각양각색이다. 자유로운 솔로의 경우 업무의 흐름을 봐서 여름휴가를 가을이나 겨울, 혹은 연말에 몰아서 떠나곤 한다. 바쁘고 복잡한 피서 철에

섞여서 휴가를 보내고 싶지 않기 때문이다. 그들은 느긋하게 비행기 티켓을 끊고 달력에 동그라미를 쳐두고 떠날 날을 기대하며 현실을 참아낸다. 그다음은 가족이나 친구와 여름휴가를 맞춰서 여름에 떠나는 경우다. 이들도 자유롭게 휴가를 내고 싶지만 친구나 애인, 가족이 여름휴가 기간에 휴가를 쓸 수 있기 때문에 어떻게든 여름에 휴가를 맞춰서 떠나야 한다. 이 경우에는 회사의 눈치를 보기도 하고 어렵사리 맞춰놓은 여름휴가인데 경쟁 P.T나 생각지 못한 업무가 터지는 경우에는 마음을 졸이며 떠나기도 한다.

마지막으로 휴가를 쓰기 귀찮아하는 광고인은 그리 많지 않지만 일이 너무 많다고 넋두리를 하며 간혹 하루 이틀을 잠자고 쉬는 데 쓰겠다고 하는 경우다. 연말에는 남은 연차로 인해서 연말연시를 억지스레 휴가로 보내기도 한다. 이외에도 개인의 취미에 따른 휴가를 수시로 내는 경우인데, 예로 블록버스터 마니아라면 개봉 첫날에 반차를 내서 가장 좋은 극장에서 영화를 관람하기도 하고, 캠핑을 즐기는 사람이라면 주말인 금요일에 휴가를 내어 지방으로 여행이나 캠핑을 짧게 다녀오기도 한다.

이처럼 휴가를 쓰는 방법은 회사의 상황이나 개인의 취향에 따라 다양하다. 다만 한 가지 분명한 것은 잘 쉬어야 업무의 능률이 오르고 회사와 개인도 연차에 대한 부담이 없다는 점이다.

광고일을 하며 가장 기억에 남는 에피소드는 무엇인가요?

광고업무를 하면 별의별 에피소드가 다 생긴다. 특히 촬영장에서 생기는 에피소드가 가장 기억에 남는다. 그 외에도 회사 동료들과 즐거운 시간을 보냈던 때, 감당할 수 없을 만큼 힘든 시기를 보냈던 때 등 다양한 에피소드가 있다. 직접 겪은 것도 있고 가까운 지인이 겪은 사례도 있다. 광고를 찍기 위해 어렵게 모델을 찾아가 업무를 설명하고 촬영에 대한 준비도 진행 중이었는데 광고주의 사정으로 광고를 중단하게 된 사례, 잘 만든 광고라서 박수를 치고 기대하고 있었는데 표절 시비 혹은 사회적 물의를 일으키는 내용으로 급히 광고를 내려야 했던 경우 등이 있다. 광고인이라면 아마도 광고일을 해온 시간과 비례하여 그 일화가 무궁무진할 것이다.

광고모델에서 친한 형으로

우리나라 최고 기업의 광고PR영상 제작을 맡았던 때다. 유명 연예인이나 명사들을 섭외해서 영상 콘텐츠를 제작하는 시리즈물이었는데 그때 힙합음악을 주제로 뮤지션을 섭외해야 했다. 모델 에이전시를 통해서 섭외하기에도 남아 있는 예산이 크지 않았지만 뮤지션과 특정 제품을 함께 PR할 수 있는 이슈가 있었다. 그래서 늘 음악과 TV를 통해서만 알던 뮤지션을 직접 찾아가 취지에 대해서 설명했다. 함께 노래를 만들고 뮤직비디오를 촬영하고 이에 대한 철학을 PR 콘텐츠로 제작해서 알리는 쉽지 않은 규모였다. 카리스마 넘치는 그는 이야기를 다 들은 후 친근하게 웃으며 무엇이든 적극 돕겠다고 답변을 주었다. 덕분에 어려울 것 같았던 섭외 문제가 해결되었다.

촬영분량 또한 많아서 낮에는 공원에서 야외촬영을 종일 진행했고, 저녁과 새벽에는 클럽을 빌려서 밤샘촬영을 강행했다. 24시간 촬영이었기 때문에 스태프들 모두 쏟아지는 졸음과 싸우며 지쳐 있었다. 하지만 누구보다 최선을 다해 촬영을 임해준 그 덕분에 노래도 인기를 얻으며 뮤직비디오와 PR영상도 완벽하게 세상에 내놓을 수 있었다. 촬영 이후에 스태프들과 회식을 하면서 형, 동생처럼 친해지게 되었고 그의 결혼식에도 갈 정도로 친분이 생겼다. 현재도 수시로 연락하며 얼굴을 보고 이야기를 나누며 도움도 주고받고 있다.

저예산 해외 로케이션으로 만든 광고

지인의 소개로 TV광고를 위한 광고주 미팅을 한 후 세 가지 아이디어를 제안해 그중 채택된 아이디어로 광고를 제작하기로 협의했다. 촬영준비를 위해 감독님과 스케줄을 조율하는데 곧 데뷔할 아이돌의 해외에서 뮤직비디오 촬영일정이 겹쳐 있어서 난처한 상황이라는 이야기였다. 이에 대해 고민하다가 해답을 찾은 것이 뮤직비디오를 찍기로 한 아이돌을 광고모델로 섭외해서 해외에서 광고와 뮤직비디오 촬영을 엮어서 진행하자는 것이었다. 좋은 조건이라고 생각되어 광고주에게 제안을 했고 좋다는 답변을 받았다. 하지만 일주일 정도의 시간 안에 광고와 더불어 PPL(Product Placement)

이 들어간 뮤직비디오를 찍어야 했고, 스태프들과 모델들의 인원수가 꽤 되는 데다가 촬영일수도 길어서 예산에 차질이 생겼다. 게다가 시기적으로 비행기 표 값이 가장 비쌀 때여서 비용 절감을 할 수 있는 방법이 부족했다.

강행한 방법은 현지에 투숙할 호텔을 최저가로 잡는 방법밖에 없었다. 식비도 크게 사용할 수가 없어서 간소화해야만 했다. 그렇게 협의하고 떠난 촬영지의 숙박이나 식사는 생각보다 좋지 않은 상태였다. 스태프의 구성원 또한 남성보다 여성이 더 많은 상황이라 양해를 구할 수밖에 없었고, 촬영을 효율적으로 진행하기 위해서 애쓰다보니 예상보다 장시간으로 이어졌다. 그럼에도 불구하고 다들 밝은 얼굴로 최대한 노력했고, 때로는 웃으면서 원활히 촬영을 진행할 수 있었다. 마지막 날 저녁에는 힘들었던 일들을 다독이며 감사의 인사를 전하는 만찬 자리를 광고주께서 열어주셨고 돌아가는 비행기 안에서는 가족처럼 친근한 분위기로 인사를 하고 헤어질 수 있었다. 고생 후에 완성된 제작물은 물론이고 그때의 경험은 아마도 서로 잊지 못할 것이다.

촬영 날 태어난 아기와 약속된 일정들

광고회사를 창업하고 가장 바빴던 시기였다. 여전히 일이 많았던 때였고 나를 비롯해 파트너들도 무수히 많은 일을 동시다발적으로 처리하고 있었다. 매월 2~3건의 광고촬영이 잡혀 있었고 새로운 광고주를 영입하기 위한 시도와 미팅 그리고 제안이 끊이지 않았다. 그러던 차에 신규 광고주의 중요한 촬영 날, 둘째 아이가 태어났다. 부랴부랴 촬영장에 가서 일할 수 없는 이유를 감독님께 설명하고 양해를 구한 뒤 병실로 가서 아내 곁을 함께했다. 감독님은 축하한다는 말과 함께 촬영장은 믿고 맡기라며 든든하게 말해주셨다. 다행히 중간중간 스태프들이 현장 사진과 소식도 전해주어 아내를 돌보는 일에 집중할 수 있었다. 오후 늦게 촬영이 막바지로 돌입할 무렵 병실에서도 아이가 태어났다. 촬영장에도 새 생명의 탄생을 알렸고, 촬영장에서는 좋은 작품의 탄생이 있을 것이란 소식을 알려왔다.

자녀가 태어나면 남편도 아내와 자녀를 돌봐야 하기 때문에 통상 3일간의 출산휴가가 주어진다. 하지만 그 이후에도 잡혀 있는 일정 때문에 제대로 쉴 수가 없었다. 출산일은 촬영 날이었고 2일 후에는 세계적인 광고 페스티벌이 국내에서 개최되는데 그곳에 강사로 초청을 받은 터라 강의 준비를 해야 했던 것이다. 낮에는 아내와 아이를 돌보고 저녁에는 강의 준비를 하여 협회 쪽에 강의 파일을 보냈다. 새우잠을 자고 개최지인 여주로 가서 강연을 한 후 호텔에서 제공되는 방에서 다음 날 오전부터 있을 화장품의 브랜드 필름 촬영을 준비했다. 촬영준비 역시 처리해야 할 중요한 일이 있어서 밤을 새워 촬영준비를 하고 아침이 되어 촬영지인 산으로 향했다.

거친 산 정상에서 하루 종일 촬영하며 풀리지 않는 촬영장면들을 고민하며 찍기를 반복했다. 이에 대한 내용들을 실시간으로 광고주와 의논하며 진행했다. 해가 지기 전에 촬영분량을 소화해야 했기 때문에 스태프들도 모두 예민한 상태였다. 또한 당일 기상 컨디션이 좋지 못해서 심적인 부담 또한 컸다. 하지만 모두 최선을 다해서 소화한 후에 해 질 무렵쯤 촬영을 마칠 수 있었다. 산 정상에서 3일 전에 태어난 아이의 얼굴을 사진으로 보며 다시금 이 일을 하는 이유에 대해서 생각했고, 무사히 끝난 촬영에 감사하며 집으로 향할 수 있었다.

아마도 광고를 계속하는 한 이런 일들은 또 생길 것이다. 하지만 언제나 즐겁게 그리고 다행스럽게 해결하며 일할 수 있는 것 역시 사람과 사람이 만드는 일이기 때문이라고 생각한다.

모든 문제도, 모든 성취감도 모두 사람에게서 비롯된다. 그 관계를 잘 풀어나가며 광고를 만들고 추억을 쌓아가는 것이 광고일이 아닐까. 모든 일에는 책임이 뒤따르고 그 이후에 즐거움 내지는 추억이 생긴다. 그렇기에 광고인으로서 나는 늘 바쁘고 분주하며 긴장되고 설렌다.

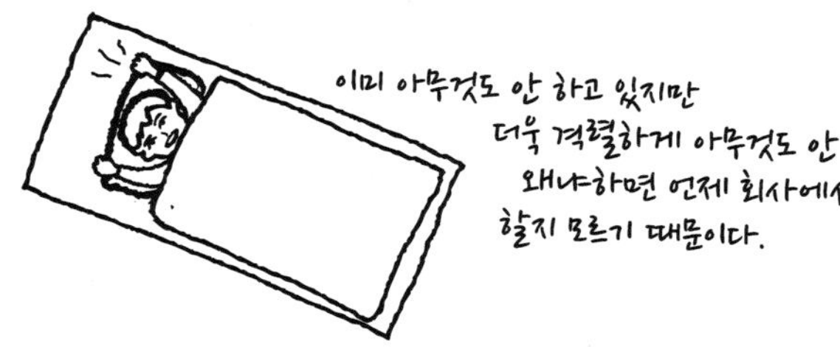

광고회사 창업 스토리

　　창업을 하는 것은 어렵지 않지만 사업을 유지하는 일은 쉬운 것이 아니다. 적은 인원으로 사람이 모든 것을 해내야 하는 부담스러운 일이기 때문이다. 그래서 나는 실력 있는 동료와 함께 광고회사를 창업했고, 각각 기획과 제작을 맡아서 홀로 창업을 하는 것보단 조금 더 겁 없이 시작할 수 있었다. 회사를 설립하기 전에는 서로 만나 회사의 비전과 철학 등 많은 부분을 이야기했다. 새로운 시도와 규칙, 무엇보다 함께 일하고 싶고 다니고 싶은 회사를 만들자는 다짐으로 광고회사의 첫 시작을 꿈꿨다.

　　그 이후로는 광고회사의 생존에 모든 초점이 맞춰졌다. 즉, 광고일을 만들어내기 위해 영업을 해야 했고, 광고주의 만족을 얻어내는 광고캠페인을 실행하고, 경쟁 P.T에서 승리하는 것이었다. 물론 그 중간에 서로 의견 차도 있었고 시행착오도 있었다. 하지만 분명한 목표를 세우고 이를 달성하기 위해 1년간의 시간을 보냈다. 서로가 기적이라 불릴 만큼의 놀라운 일들을 경험하기도 했고, 적지 않게 힘든 시기도 있었다. 그래도 결론은 창업을 해서 '만족스럽다'는 것이다.

왜 굳이 창업을 해야 했을까

답은 간단하다. 광고를 잘 만들고 싶어서 창업을 했다. 음식집으로 비유하면 맛있는 요리를 많이 만들고 싶어서다. 그러니 기본적으로 동기가 나쁘지 않았다. 여러 회사를 경험하며 다양한 광고를 만들어 경력을 쌓았고, 파트너와 내가 창업한 시기는 각자의 회사에서 팀장을 맡아서 실무에 한참 물이 올랐을 때였다. 그에 비해 회사의 시스템이나 정치적인 문제들로 인해 '광고를 잘 만드는 일'에 몰입하기가 쉽지 않았다. 때로는 왜 해야 하는지 모를 일에 최선을 다해야 했고 결과 역시 좋지 못한 경험을 많이 했다. 좋은 아이디어도 의사결정자에 가로막혀 제작하지 못하는 일도 많았고, 때론 하기 싫은 일도 철학에 맞지 않는 방법으로 일을 해야만 했다. 그런 것이 싫었고, 제대로 된 광고일을 해보고 싶었다. 그러기 위해서 가장 좋은 방법은 이직과 정착, 살아남기가 아니었다. 내 회사, 우리 회사를 만들어서 작더라도 제대로 된 광고를 많이 만드는 것이 목표였다.

어떻게 창업했고 일해왔나

광고회사는 사람의 생각에서 모든 전략과 아이디어와 제작물이 나온다. 때문에 믿을 수 있는 동료와 제안서, 제작물이 있고, 그것으로 광고주를 설득할 수 있다면 어떤 일이든 가능하다. 그래서 우리는 철학과 신념을 바탕으로 회사의 이름을 짓고 회사소개서를 만들어 주변에 인사를 다니며 작은 일부터 가져오기 시작했다. 규모도 작게 단 2인이 시작한 회사였기 때문에 오히려 작은 일을 보람 있게 해나가면서 회사의 기틀을 다질 수 있었다.

　처음에는 서로의 집이 거점이었으나 곧 작은 공간의 사무실을 임대할 수 있게 되었고, 노트북 등 필요한 것들을 살 수 있는 돈이 생겼고, 그 이후에는 조금씩 축적되는 자산으로 직원도 뽑을 수 있게 되었다. 오히려 거품 없이 업무의 본질적인 부분에 집중해 일할 수 있어서 힘들지만 기분 좋은 순간이 이어졌다. 효율적으로 쉴 수 있었고 업무가 많을 땐 더 집중할 수 있었다. 영업이 가장 중요한 수단이었으나 정직하고 깨끗하게 일하는 것을 원칙으로 했기 때문에 무리한 영업보다는 광고를 잘 만들고 서비스해주는 것으로 영업을 이어갔다. 그러면서 하나둘 포트폴리오가 쌓이게 되었고, 잘 만든 광고제작물이 여러 채널에 알려지고 잡지에도 실리면서 입소문이 나기 시작했다.

조직문화와 존재의 이유

　광고회사의 규모는 작을지 몰라도 우리는 생각이 큰 회사였다. 작은 일도 크게 만들어 광고주를 만족시킬 수 있었다. 타협하지 않고 우리의 원칙을 만들어서 더 큰 만족을 주는 것으로 일했다. 그랬기에 두 번째, 세 번째 일들이 꼬리를 물고 찾아왔다. 우리가 다녔던 광고회사들과 똑같이 되는 것을 막기 위해서 의도적으로 직원들의 자율성을 존중했고 출퇴근 자율제, 주 4일 출근 등 다양하고 실험적인 시도들을 이어갔다. 누구도 일하지 말라고 하면 일하는 사람들인 만큼 쉼에 있어서도 자율적으로 열어주고 믿으면 오히려 일은 더 잘 진행되었다. 또 다른 비용을 아껴서라도 급여를 높게 주는 일에 우선순위를 두어 연봉도 초봉도 부족함 없이 제시했다. 회사 운영은 아주 단순하게도 우리가 직원으로서 일하면서 직원들의 눈높이에서 행복하게 해주는 것이었다. 경영자가 되고 직급으로 군림하는 일은 하지 않았다. 물론 질서는 있어야겠지만 부당한 수준의 권위로 업무가 진행되는 것을 절제했다.

험난한 광고업계에서 큰 위기 없이 생존할 수 있었던 이유는 부당한 거래는 하지 않으며 이 광고회사가 운영되고 유지되는 것으로 세상이 조금 더 나아지고 일하는 사람들이 행복해지는 것을 원칙으로 삼았기 때문이다.

새로운 도전을 하는 즐거움

틀에 얽매어 있으면 새로운 것을 할 수 없다. 모든 구성원이 한 번뿐인 인생을 회사의 일원으로서 시간을 쓰고 있다. 그러므로 가치 있는 삶을 살게 하는 것은 결국 시간을 선물하는 것과 시간을 쓰고 있는 질을 높여주는 것이며, 시간에 대한 비용을 높게 지불하는 것이다.

광고회사지만 새로운 시도를 끊이지 않고 진행한다. 누군가 새로운 것을 시도하고 싶다고 하면 기꺼이 도와주려고 한다. 이러한 생각들을 토대로 새로운 형태의 제작물이 나오기도 하고 신규 사업으로 브랜드를 만들기도 했다. 기존 광고회사의 직무나 프로세스를 파괴하며 새롭게 그것들을 창조하기도 했다. 또 사회적으로 이로운 광고를 만들기 위해 재능기부를 하기도 했고, 이직해오는 동료를 위해 입사 전에 휴가비를 주기도 했다.

우리는 여전히 작지만 강한 회사가 되어 동료들에게 큰 기회들을 제공할 생각이다. 많은 시간을 선물하고 싶다. 다른 방법으로 일하고 더 좋은 성과를 내고 싶다. 이것이 창업을 하여 새로운 회사가 탄생한 이유이자 의미라고 생각한다. 그리고 무엇보다 이러한 생각과 개념을 지키며 회사의 발전을 위해 더 많이 노력할 것이다.

최고의
자리

4
광고인으로   산다는 것

광고를 사랑하는
여성 광고인들

같은 회사라 하더라도 어떤 역할로, 어떤 성별로 다니느냐에 따라서 조금 달라 보일 수 있는 곳이 광고회사의 생활이다. 광고회사에는 여성이 많이 일한다고 하는데 그 이유가 무엇인지 또 불편한 점이나 차별을 받는 부분은 없는지 등 여성으로서 체험하는 광고회사의 모습을 살펴보려고 한다. 우선 광고는 지식노동이라는 점에서 광고회사 역시 여성들이 진입하기 어렵지 않은 곳임은 장점이라 봐도 좋을 것이다. 그러나 광고회사에 입사하면 겪게 되는 잦은 야근과 철야는 결국 체력이 있어야 한다는 것을 깨닫게 해준다. 그러므로 여성이라면 더욱더 항상 건강에 신경을 써야 함을 당부하고 싶다.

특유의 섬세함과 감각으로 광고 쪽의 일에 잘 맞는 여성은 훌륭하다고 평할 수 있다. 보통의 경우 임신과 출산 그리고 육아 때문에 초반 신입사원부터 많던 여성들이 시니어급이 되면 조금 줄어드는 추세지만 최근에는 육아환경을 개선해나가면서 광고일을 오래 계속하는 모습들이 보인다. 결국 실력, 능력만 있다면 회사의 배려를 이끌어내 적절히 육아를 병행하며 일할 수 있다. 하지만 직장에 다니는 대부분의 엄마는 아이에게 죄책감을 느낀다고 한다. 아이 곁에 가장 필요한 순간에 회사에 나가야 하므로 아이를 떼놓고 오기가 힘들다고 눈물을 글썽이는 모습을 본 적이 있다. 아이가 아플 때, 울면서 놀아달라고 할 때, 학부모가 참관해야 하는 행사가 있는데 촬영 스케줄이나 중요한 P.T가 있어서 잠시 시간도 낼 수 없을 때 등등 육아와 일을 병행하면서 역할 갈등에 빠질 때가 종종 있다.

언젠가 새벽까지 큰 규모의 경쟁 P.T를 준비하던 날이었다. 새벽 4시가 되어서야 서서히 업무가 정리되었고, 다른 팀원들은 새우잠이라도 청하기 위해서 책상에 엎드려 눈을 붙이고 있었다. 그때 부랴부랴 옷을 챙겨 입고 급히 뛰어나가던 여성 팀장님의 모습이 보였다. 새벽에 급히 어디를 가느냐고 물었더니, 웃으며 오늘 딸이 유치원 소풍을 가는 날인데 김밥은 직접 싸주고 싶어서 다녀오겠다는 것이었다. 순간 팀장님의 모습에서 어머니의 모습이 겹쳐 보이며 가슴 찡했던 기억이 있다.

성별을 떠나서 광고회사에서 일한다는 것은 모두가 어느 정도의 책임감과 불편한 점을 감수해야만 한다. 광고회사는 남성이고 여성이고를 떠나서 경력으로 존중받고, 사람 간 인정이 있는 곳이라 생각한다. 오히려 실력 있는 광고인들 중에는 여성이 더 많기도 하다. 특유의 섬세한 감각은 남성들이 따라가기 힘든 부분이기도 하다. 게다가 요즘에는 광고회사마다 직장 내 성희롱이나 성폭력에 대한 의무

교육이 이뤄지고 있고, 여성이 많은 광고회사의 특성상 그러한 불미스러운 일이 발생하면 매우 엄격하게 처벌하는 것을 보기도 했다. 광고회사마다 그리고 누구를 직장 상사로 모시느냐에 따라 차별이 있을 수도 있겠지만 광고업계에서 실력 있는 여성들은 매우 훌륭하고 존중받아 마땅한 자리에 있다.

광고회사에는 여성들이
많이 일한다는데 이유가 있나요?

광고회사의 업무는 육체적인 노동이 아닌 정신적, 지식적인 노동이기 때문에 아이디어와 감각, 지적인 능력이 있다면 성별에 상관없이 누구나 할 수 있다. 오히려 세심하고 커뮤니케이션 능력이 좋은 여성이 남성보다 더 나은 경우도 있다. 특히 카피라이터나 디자이너 등은 여성에게 더 적합한 일이기도 하다. 특유의 감성으로 새로운 것을 창조해내는 일에 남성보다 여성이 탁월할 수 있기 때문이다. 그렇게 경력을 쌓아 여성이 크리에이티브 디렉터가 되는 것은 흔한 일이며, 성별을 떠나 자연스러운 일이다. 그만큼 성공한 광고인들 중에는 여성이 많다. 다만 장시간 일해야 하는 업무특성과 스트레스로 인해 결혼을 기점으로 남성이 조금 더 경력이 이어지는 경우가 많다. 여성의 출산이 경력 단절로 이어지고 사회생활을 떠나 육아에만 집중해야 했던 이전 시대와 달리 요즘에는 출산과 육아 때문에 쉬었다가 복직을 하는 경우도 많다.

광고회사에서 공채로 신입사원을 선발하면 최소 60% 이상이 여성인 경우가 많다. 같은 나이로 봐도 군대에 다녀와야 하는 남성에 비해 여성은 취직을 준비할 시간이 더 많기 때문에 좀 더 나은 스펙을 보유할 수 있다. 하지만 취업 후 상황을 보면 직급이 높아질수록 남성의 비율이 높아지는 것을 알 수 있다. 꼭 출산과 육아 때문이 아니라 광고업 자체의 잦은 야근 때문일 것이다. 체력적으로 견딜 수 있어야 업무도 가능할 텐데 잦은 야근과 철야는 체력적으로 여성에게 더 부담이 될 수밖에 없다. 아이러니하게도 체력으로 일하는 직업이 아님에도 불구하고 야근 자체는 체력이 뒷받침되어야 견딜 수 있다. '체력'은 남녀를 떠나서 중요한 요인이 된다.

또한 광고주와 커뮤니케이션이 잦은 업무도 남성이 더 유리할 수 있다. 일반적인 광고 회사에서 광고주 접대라든지 회식을 주도하는 것이 대부분 남성이므로 더 견디기 편할 수 있다(물론 여성도 얼마든지 성향에 따라 잘 맞을 수 있다). 하지만 남녀 누구나 일을 잘할 수 있다면 그것으로써 오래 일할 수 있고, 결국은 성별이 아니라 광고일을 누가 더 잘하느냐에 따라 오래 하고 못 하고가 결정된다.

누가 봐도 멋있는 광고인 중에 여성이 많다. 그녀들은 프로이며 자신의 일에 최선을 다하고 결과에 책임을 진다. 리더십도 있고 특유의 모성이 발휘되어 누구보다도 팀원들을 잘 챙긴다. 광고주나 다른 스태프가 놓치기 쉬운 부분들도 파악해 챙기고 좋은 성과를 위해서 불철주야 노력한다. 이것이 자부심이 되고 향후 경력에 훈장처럼 빛나기도 한다.

좋은 광고를 만드는 일에 성별은 큰 의미가 없다. 남성의 강점, 여성의 강점을 각각 그대로 잘 발휘한다면 광고는 누구나 잘 만들 수 있다고 믿는다.

여성 직원이 받는
특혜나 차별대우가 있나요?

광고회사에서 여직원이 특혜를 받는 경우는 별로 없다. 다만 신체적인 차이에서 오는 배려는 받아야 하는데, 생리통이 심한 경우 휴가를 낼 수 있다. 만약 출산을 했다면 회사 규정에 의거해서 정당하게 쉴 수도 있다. 출산휴가를 받아서 몸을 추스르고 아이를 돌본 후 직장에 다시 돌아오는 경우다. 이러한 휴가를 사용하는 데 회사가 눈치를 주거나 불이익을 줘서는 안 될 것이다. 그녀 역시 회사에서 신중하게 채용한 특별한 직원임을 잊지 말아야 한다.

여성을 위해 배려한 부분을 살펴보면 큰 광고회사의 경우 여성 전용 휴게실이 있다. 그런데 이는 일반 대기업에도 있는 제도다. 여성들이 편하게 쉬고 자신을 돌아볼 수 있도록 배려한 공간으로써 일부 광고회사에서도 여성 휴게실을 두고 운영하고 있다. 그리고 사회적 문제인 여성 성폭력이나 직장 내 성희롱을 예방하고자 정책적 차원에서 교육을 받아야 한다. 아무래도 사회는 남성과 여성이 공존하기 때문에 남성들이 무심코 던진 말이나 행동 등에 의해 여성이 피해를 보는 경우가 있기 때문이다. 어디까지가 성차별, 성희롱인지, 성폭력을 당했다면 어떤 처벌을 받는지 등 교육을 통해서 조직 구성원 모두가 숙지하도록 하는 것이다. 보통 연 1회 정도 전문가에게 교육을 받는다. 이를 위해 드물게는 여성 동료들을 위한 상담 채널이나 담당 직원이 있는 경우도 있으며, 발생하지 않아야 할 여성으로서의 부당한 사고가 발생했다면 직장 내 보고 체계를 통해서 피해자를 보호하고 피의자를 처벌할 수 있도록 체계가 잡혀 있다.

광고회사에서 여성이 특별히 대우를 받는 부분이 없는 것처럼 차별대우를 받는 것도 없어야 한다고 생각한다. 사회의 인식도 점차 여성 동료를 배려하는 것으로 바뀌고 있다. 하지만 어느 조직이건 사람과 사람이 일하기 때문에 여성 차별이 이뤄지는 경우가 없다고는 볼 수 없다. 성숙한 조직문화가 있어도 성숙하지 못한 직원이 있다면 그것은 금방 깨져버리기 때문이다. 그간 다녔던 광고회사에서 있었던 몇 가지 부당한 사례를 이야기할까 한다.

첫 번째는 성희롱에 관한 문제였다. 남성 팀장을 중심으로 여성 팀원들로 구성된 어느 회사에서 남성 팀장의 상습적인 여성 팀원에 대한 스킨십을 본 적이 있다. 친근하면 자연스럽게 어깨를 만지는 것 정도는 괜찮지 않느냐고 할 수 있지만 모두가 이 때문에 회사를 떠나고 싶을 정도로 말이 많았다. 겉으로 불쾌감을 표현하기가 쉽지 않은 사회생활의 특성상 감내해야만 하는 일처럼 참는 경우를 봤다. 자리에 앉아서 일하는 여성 팀원의 머리를 쓰다듬는다든지 어깨를 만지거나 팔뚝을 주무르는 등 무척이나 상습적인 팀장의 행동은 여성 팀원 모두가 문제라고 생각했다. 하지만 누구도 나서서 이야기할 수는 없었다. 그 회사에서 인사 결정권, 인센티브 등에 대한 재량은 모두 사업부장의 권한이었기 때문이다.

두 번째는 성폭력에 관한 문제였다. 남성 제작팀장이 회식 후에 여성 팀원에게 강제로 키스를 한 경우다. 이는 모호한 점이 없는 만큼 분명히 성폭력에 가까운 상황이었으므로 여성 팀원은 이를 그대로 지나치지 않고 회사에 이의를 제기했다. 결국 회사 내부에서는 이를 큰 문제로 받아들여 해당 팀장에게 권고사직을 내렸다. 그 이후로 회사에서는 성희롱 예방 교육에 더욱 힘쓰고, 이를 타산지석 삼아서 각별히 행동을 주의하라는 지침을 내렸다.

세 번째는 광고주의 성희롱에 관한 문제이다. 광고업계에서는 광고주가 우위에 있는, 즉 갑이라는 개념이 있기에 발생하는 문제이기도 하다. 남성 광고주가 여성 기획자에게 이런저런 성적 농담이나 음담패설을 하는 경우가 이에 속한다. 좋은 광고성과를 낸 캠페인이 있어서 광고주와 광고회사 담당자들이 모여서 회식을 한 가운데 조금 더 친해졌다고 한다. 그 이후 사적으로 만날 것을 제안한다거나 미팅 때마다 입은 옷이나 화장을 칭찬하는 것을 넘어서 계속해서 치근덕거렸다고 한다. 점차 수위가 높아지자 여성 기획자는 이를 팀장에게 보고했고, 광고기획 담당자를 남성으로 교체하는 등 회사 차원에서도 노력이 있었다. 그리고 이를 본 광고주는 이것을 적당한 경고로 알고 그 뒤로 자제했다고 한다.

광고는 실력으로 인정받는 자리인 만큼 여성 또한 그에 맞는 존중이 필요하다. 성별을 떠나 열심히 일하고 일한 만큼의 인정을 받아야 한다. 그렇기 때문에 투명하게 자신이 만든 것에 대한 책임을 지며 그에 대한 성과로 정확한 평가를 받는 곳이어야 한다. 따라서 광고회사는 남녀평등이 기본적인 가치이며 성차별이나 폭력이 더더욱 있어서는 안 될 곳이다.

연애와 결혼은 먼 나라 이야기인가요?

광고회사에 처음 입사했을 때 선배들이 해주는 농담 같은 이야기가 있다. 입사한 후에 선배들을 만나면 동기들에게 하나같이 애인이 있냐고 물었다. 애인이 있다고 말한 동기에게는 "이제 야근을 하고 주말에도 일하게 되면 점차 소원해지고 헤어지는 경우가 많아. 조심해~"라고 말했고 애인이 없다고 말한 동기에게는 "앞으로 바쁘게 일하다 보면 애인이 안 생길 텐데 걱정이네~"라고 말했다. 결론은 광고회사에 입사했으니 애인이 있으면 헤어질 것이고 없다면 계속 없을 것이라는 말이었다. 아이러니하게도 당시에는 무척 기분 나쁜 농담이었던 그 말이 회사생활을 하면서는 피부로 와 닿았다. 실제로 애인이 있는 동기가 헤어지게 되었고, 없던 동기는 계속 없었다. 소개팅도 하고 때론 사귀는 데 성공하기도 했지만 이내 곧 헤어졌다. 불규칙한 광고업무로 인해 퇴근도 일정하지 않고 주말에도 일할 때가 많았기 때문이다.

광고회사에서 선배들을 보면 나의 미래가 보인다는 말도 있다. 실제로 연차가 쌓이면 그 선배들처럼 회사에서 일할 것이기 때문이다. 다행히 결혼도 하고 아이도 있는 선배도 있지만 싱글로 지내는 선배들도 많이 볼 수 있다. 그러나 결혼을 한 선배는 가정에 소홀해서 부부싸움이 잦다고 들었고, 광고인끼리 만나 결혼했지만 바쁜 탓에 애를 낳지 않고 미루면서 마흔이 넘었다고 하소연하는 선배도 있었다. 그리고 결혼을 하지 않은 골드미스인 상사는 성격이 괴팍하기로 소문이 나 있었다. 동기들이 모이면 우리도 그렇게 되는 것 아니냐며 푸념을 늘어놓기도 했다. 당시 선배들 중에서는 사내연애를 하는 경우도 있어서 사귀다가 결혼한 경우도 있었다. 우리도 가까운 곳에서 찾아보자고 말했다가 서로 얼굴을 보고 우울하게 돌아섰던 웃지 못할 기억도 난다.

연애의 해법으로 남녀가 서로 바쁘면 되는 것 아니냐며 바쁜 광고인을 소개받아서 서로 다른 회사에 다니며 연애하는 경우도 봤다. 어찌 보면 연애도 전략적인 접근으로 해결한 것 같았지만 혼자 푸념하며 외로움을 토로하는 것보다는 훨씬 나은 선택 같아 부러워하기도 했다(물론 그 커플은 서로 너무 바쁘다 보니 오래 사귀지는 못했던 것 같다). 더러는 결혼정보업체의 도움을 받아서 결혼한 사례도 있고, 직급이 좀 더 오르고 일이 익숙해지자 시간을 내어 사람을 만나고 연애를 하다 결혼한 경우도 보았다.

어쨌든 시간이 흘러 지금 동기들을 보니 각자의 삶에서 행복하게 살고 있다. 조금 덜 바쁜 광고회사나 광고주로 이직해 다들 결혼하고 아이도 낳고 행복하게 살고 있다. 사람은 어떤 곳에서든 만나고 사랑하고 행복을 위해 살아간다. 개중에는 아직도 결혼을 못해서 안타까운 동기도 있지만 그 나름의 행복을 추구하며 살아가는 것 같아서 그것도 나쁘지 않다고 생각한다.

광고회사는 분명 바쁘고 힘든 일투성이지만 그래도 자신의 삶의 가치를 키워갈 수 있는 곳임은 분명하다. 어찌 되었든 일을 잘하고 볼일이다. 인정받으며 일하면 보람도 느낄 수 있고 그에 따른 연봉 인상과 승진 기회도 빨리 오며 주변의 사랑을 받을 확률도 높아진다.

결혼부터 임신과 출산,
어떻게 해야 하나요?

여성 광고인에게 가장 중요한 과제가 임신과 출산이 아닐까. 이는 광고인을 떠나 매우 중요하고 축하받아야 할 일이다(물론 자녀를 갖지 않고 나름의 삶을 즐기며 사는 분도 많다). 임신과 출산 그리고 육아는 여성의 재직률이 높은 광고회사가 시스템적으로 배려해야 할 부분이다.

먼저 결혼에 대해 이야기하지 않을 수 없다. 광고회사에 재직 중인 상태에서 결혼 날짜가 잡히면 청첩장을 돌리고 자연스레 직장 상사에게 알리게 된다. 그러면 그 날짜에 맞춰서 업무를 조율해야 하고, 최소 1주 혹은 최장 2주 정도에 걸친 신혼여행 휴가에 대해서도 논의하게 된다. 인생에서 가장 아름다운 시기를 준비하는 동료에게 보통은 축하와 더불어 배려를 한다. 그러나 절대적으로 업무가 많고 책임져야 할 프로젝트가 있는 상황이라면 이를 분배하고 함께할 동료가 있어야 한다. 그녀가 떠나도 누군가는 광고주와 소통하며 프로젝트를 진행해야 하기 때문이다.

우선 결혼하기 전날에 신부의 경우 휴가를 낸다. 신부 화장도, 드레스를 입는 일도 중요한 일이기 때문에 컨디션을 관리해야 하기 때문이다. 신랑의 경우는 별도의 준비가 많지 않아서 전날에도 일하는 경우가 있다(필자의 경우에는 결혼 전날 새벽 1시가 넘도록 일했다). 그리고 결혼식을 치르고 동료들의 축하를 받으며 신혼여행을 떠난다. 신혼여행지와 휴가를 낼 수 있는 일정에 따라 업무 공백이 발생하므로 사전에 동료들과 일정에 대해서 충분히 이야기를 해놓고 떠나게 된다. 회사에서는 통상 결혼하는 직원에게 일주일의 휴가를 부여하고 축하 화환과 비용을 지급한다. 회사에서 주는 휴가에 개인 연차를 더해서 조금 더 긴 신혼여행을 다녀오기도 한다. 하지만 돌아오면 달콤한 신혼여행의 추억은 잊은 채 산더미처럼 쌓인 이메일과 업무를 처리해야 하는 것이 보통이다.

신혼생활을 거쳐 임신을 하게 되면 안정기에 접어들 때 회사에 임신을 알린다. 동료들의 축하를 받고 임산부와 태아를 위해서 무리하게 일을 주지 않으려 배려하는 회사도 있다. 그리고 출산 예정일에 대해서 팀장이 체크를 해두고 불러오는 배를 보면서 정기검진 받는 날에 좀 더 일찍 퇴근을 하게 한다든지 배려하면서 힘들지 않도록 신경을 써준다. 그럼에도 불구하고 업무는 임신과 관계없이 쌓이기 때문에 팀원들의 도움이 절대적으로 필요하다. 과한 업무는 체력적으로도 좋지 않고 스트레스는 더더욱 임산부와 태아에게도 좋지 않기 때문이다. 이 시기를 거쳐서 출산을 하게 되면 회사에서 지급되는 소정의 축하금과 더불어 동료들의 축하를 받는다. 이후 회사 내규에 따라 최소 3개월 이상의 출산휴가에 들어가게 된다. 단, 출산휴가 전에는 업무 공백기가 생기기 때문에 자신의 업무를 대신해줄 후임자에게 반드시 인수인계를 해줘야 한다. 간단히 업무 매뉴얼을 짜주기도 하며 출산휴가 중에도 전화나 이메일로 업무에 관해서 협조하기도 한다.

신문기사나 주변 사례를 보면 출산휴가 후에 육아휴직을 하는 경우도 있고, 공백기가 길어진 후에 회사에 돌아오면 자신의 자리를 찾기가 어려워 이직 혹은 퇴사를 하는 경우도 있다. 또한 아이를 키우는 것도 누군가 맡길 가족이 있다면 회사로 복귀해 업무를 볼 수 있지만 여의찮은 경우 육아 도우미를 써야 하는데, 자신의 아이를 남에게 맡기기 어려워 직장을 포기하고 육아에 전념하는 경우도 있다. 이러한 경우는 선택에 의한 것이겠지만 회사에서 눈치를 주거나 상황적으로 퇴직을 종용하는 것은 좋은 회사가 아니라는 생각이 든다. 훌륭한 재능과 경력을 가진 이가 단지 출산과 육아라는 환경 때문에 광고업계를 떠난다는 것은 회사나 개인 모두에게나 손실이며 아쉬움이 될 것이다.

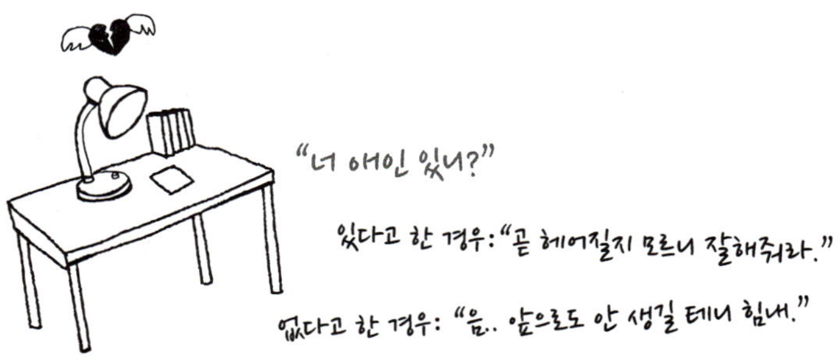

광고에 애쓰는
남성 광고인들

　　남성의 직장생활은 군대를 다녀와서 시작되는 것이 보통이
므로 비교적 여성에 비해서 사회 진출이 2~3년 정도가 더 걸린다. 이 때문에 광고
회사 신입사원 동기들을 보면 남성이 여성보다 많게는 4~5살 차이가 나기도 한
다. 이러하다 보니 사회생활을 하는 모든 남성이 느끼는 것일 테지만 사수가 여성
이라면 본인보다 나이가 어릴 확률이 높다. 심지어 여성 팀장의 경우 자신과 동갑
인 경우가 종종 발생한다.

　남성은 대부분 군대를 다녀왔기 때문에 계급사회에 걸맞게 사회생활이 익숙하
다. 물론 사수가 나이가 더 많으면 편하겠지만 여성 선배 혹은 팀장이라고 해도
예의 바르게 행동하는 경우가 많다. 하지만 예의가 바르다고 광고회사 생활을 잘
하는 것은 아니기 때문에 조금 스트레스 받는 일들을 겪게 된다. 나이 차이가 있
는 상태에서 남성 사원이 일을 잘 못해서 혼나거나 주의를 받는 경우가 흔하기 때
문이다. 관계를 잘 풀면 좋겠지만 바쁜 광고일에 얽매여 속으로 참다가 풀지 못하
면 회사를 떠나는 계기가 되기도 한다.

　또한 남성들은 기본적으로 힘쓰는 일에 앞장서게 된다. 회사의 행사가 있거나
광고주의 제품을 옮겨야 하거나 배달 혹은 경품 포장이 있는 경우 주로 남성 사원

들을 일하는 곳에 투여한다. 반면에 여성들은 이럴 때 존중을 받기 마련이다. 물론 이런 부분은 당연히 남성들이 기꺼이 할 수 있는 일이지만 똑같이 바쁘고 예민한 업무상황 가운데서 남성이라는 이유만으로 이러한 업무에 자주 불려 다니다 보면 불편함을 느낄 수도 있을 것이다.

또한 남성은 스스로 해결하려는 것이 문제다. 인턴사원이나 신입사원일 때는 지식은 부족하고 의욕은 넘치다보니 어떤 일을 지시받으면 꼭 최선을 다해서 어떻게든 해결하려고 든다. 가볍게 선배에게 물어보면 해결될 일들도 스스로 해보겠다는 의지로 움켜쥐고 일하다가 비효율적으로 시간만 잡아먹는 경우도 종종 있다. 이런 경우 마감이 생명인 광고업에서 돌발상황으로 이어지기 쉽고 결국은 긴급하게 수습해야 상황으로 분위기가 험악하게 바뀔 우려가 있다.

또 광고인을 꿈꾸는 남성이라면 광고회사에 따라 거의 매일같이 술을 마시는 회사가 있다는데 사실인지, 광고주에게 술 접대문화가 있는지, 있다면 어느 정도 수준인지, 밤샘 작업은 어느 정도인지, 회사 내부 정치적인 관계가 있는지 등 궁금한 것이 많을 것이다. 사실 우리가 흔히 말하는 '사내 정치'는 사람들이 모여 일하는 곳이라면 피할 수 없는 것이기도 하다. 광고회사에서는 실력이 우선이지만 실력이 대부분 비슷하다면 아무래도 학연이나 지연, 호흡이 맞는 직장 상사에게 의지할 수밖에 없다. 이런 관계를 든든하다고 생각하는 남성들이 많지만 완전한 의존이 가능한 것은 아니다. 왜냐하면 소위 그러한 '빽'이 있다고 해도 결국 실력을 척도로 삼아 그 사람을 채용 이후에 계속 직원으로 두어야 할지 그 여부를 결정한다.

광고회사에서는 남성이기 때문에 편한 것이 있고 남성이기 때문에 힘든 것도

있다. 사회 초년생 때는 실력 위주로 매진하게 되지만 경력이 쌓이면서 관리자의
역할도 해내야 하므로 리더십에 관한 부분도 더 요구될 것이다. 결국 성별을 떠나
성숙해지는 한 인간으로서의 자세가 중요한 셈이다.

남녀의 광고회사 생활에
차이점이 있나요?

남성이든 여성이든 광고회사에서 하는 일은 같다. 그렇기 때문에 큰 차이점이 없다고 생각한다. 사회적으로 기본적인 구분이 있기는 하다. 가령 무거운 것을 들거나 힘든 일을 할 때는 남성이 나서고 뭔가 섬세하고 주의를 요하는 일에는 여성이 나서는 것이 그렇다. 광고업무에서 특별히 성별로 구분될 일은 없으며 각자의 개성과 장점대로 업무를 추진하면 된다. 남성은 군대를 다녀온 후 입사하는 경우가 대부분이라 신입사원을 기준으로 보면 여성에 비해 나이가 많은 편이다. 그래서인지 사회생활로 치면 적응이 빠르며 조직생활에 익숙해 보인다. 광고회사에 입사한 뒤 부여되는 업무들은 보통 자료 수집과 정리, 업무보조의 역할이 많다. 회의실을 예약해놓거나 자료를 복사하는 등 기본적인 업무를 도맡는다. 그러다가 제안 업무가 발생하면 아이디어 회의에 같이 참석해 의견을 내놓는 경우가 보통이다.

입사가 같으면 신입사원으로서 비슷한 업무를 하기 마련이지만 조금 더 나이가 많고 조직생활에 익숙한 남성의 경우 여성보다 좀 더 기대되는 역할이 크다. 조직 개편 때 팀에 배치되는 것을 보아도 같은 동기들에 비해서 비중 있는 역할을 해내야 하는 팀에 들어가는 경우가 종종 있다. 그곳에서 사원이지만 사원 이상의 기대치를 가지고 일을 맡기기도 한다. 하지만 모두 시행착오를 겪으면서 일을 배우는 것이 다반사다.

회사에서 남녀의 업무 차이보다는 성별에서 오는 특징을 고려해 담당 광고주에 배치하기도 한다. 정해진 것은 아니지만 남성의 경우 자동차, 보험, 면도기, 스포츠 브랜드 등을 담당하고, 여성의 경우 화장품, 생리대, 육아 브랜드, 패션 쪽의 광고주를 담당한다. 경력 사원의 경우 두루두루 광고브랜드의 경험이 많기 때문에 남성이면서도 여성 제품을 담당하는 경우가 많지만 신입의 경우 아직 업무가 서툴기 때문에 경험적으로 광고주에게 도움이 되고 팀에 기여하기 좋도록 성별을 고려해 광고주 브랜드를 맡기는 것이 보통이다. 광고주도 여성 제품은 여성 담당자들이 맡아서 광고를 진행하는 경우가 많기 때문에 기본적으로 여직원에게는 남성에 비해 해당 제품의 관여도가 높다고 판단해 광고일을 맡기게 된다.

마지막으로 광고회사에서는 군대를 다녀왔는지 아닌지는 크게 상관이 없는 것 같다. 군필자라고 하여 더 대우받거나 가산점을 주진 않는다. 오히려 군복무를 방위산업체로 다녀온 경우 광고회사나 온라인 에이전시 관련된 일을 했다면 경력을 인정받기도 한다. 즉, 군필자는 조직생활의 적응도라든지 인내심이나 기초체력의 건강함 등이 장점으로 평가될 수는 있지만 미필자나 여성이라고 해서 광고회사에 입사하는 데 불이익을 받는 것은 없다.

광고인은 술을
꼭 잘 마셔야 하나요?

광고인이라고 술을 다 잘 마시는 것은 아니다. 광고업무의 특성상 스트레스도 많고, 광고주와 만날 일도 많기 때문에 술자리가 제법 있는 편이지만 그렇다고 꼭 술을 잘해야만 광고일을 할 수 있는 것은 아니다. 즉, 광고는 업무에 대한 실력으로 하는 것이지 결코 술을 잘한다고 광고회사 생활을 잘하는 것은 아니기 때문이다. 물론 술을 통해 영업에 약간의 도움을 줄 수는 있지만 결국 광고를 잘해야 인정받을 수 있다. 술을 마시지 못하는 것보다 분위기도 잘 맞추고 술도 잘 마신다면 남자 동료들에게 인정받을 확률이 높지만 그렇다고 가산점이 주어지지는 않는다. 일부 광고인들이 술을 잘 마시고 호탕해야 일도 잘 풀리고 광고주와의 관계도 원만하게 처리된다고 말하지만 술을 잘 마시는 것이 곧 광고인의 자질은 아니다. 오히려 술을 잘 마시지 않아도 자기관리가 철저하고 사람 사이의 관계가 원만한 경우도 많기 때문이다.

바쁜 업무 속에서 살고, 딱히 스트레스를 풀 시간이 없기 때문에 술을 잘하는 광고인들은 습관처럼 술을 마시기도 한다. 과거 선배들을 보면 점심시간에도 반주를 곁들이거나 낮에 회사를 나와 술을 마시고 저녁식사를 해결한 뒤에 다시 회사로 돌아와 일을 하는 등 무용담이 전해 내려온다. 현재 광고회사들은 정해진 틀에 얽매여 있고 광고주가 일하는 업무 시간에 자리를 비워 개인적인 여흥을 즐긴다는 것은 쉽게 상상하지 못할 일이다. 어찌 보면 그때가 낭만적인 시절이라고도 볼 수 있다. 최근에는 과음하지 않는 문화를 지향하는데, 술로 인해 발생되는 사건과 사고들을 미연에 방지할 수 있기 때문이다.

광고회사에서 공식적으로 술을 마시게 되는 경우는 직원 전체가 워크샵을 갔을 때나 팀의 자체적인 회식, 광고주와의 회식 등에 참석하는 경우다. 이때도 각자 주량에 맞게 마시며 무리하게 마실 것은 권유하지 않는 것이 요즘의 분위기다. 하지만 역시나 어떤 직장 상사나 동료를 만났느냐에 따라서 술을 권유하는 경우가 있을 수 있다. 크게는 회사의 문화나 지침 등에 따라서 영향을 받지만 작게는 직장 상사의 성향에 따라 모든 것이 바뀌는 것이 조직문화의 특징이기 때문이다.

광고회사는 자기관리가 중요한 전문직이다. 그러므로 술을 마셨다고 해서 그다음 날 업무에 영향을 미쳐서는 안 된다. 음주 여부는 개인의 영역이지만 업무에 지장을 준다면 곧 회사의 손해로 이어지기 때문이다. 술을 잘 마신다는 것은 주량이 세다는 것이 아니라 술을 마신 후에도 업무의 리듬이 깨지지 않고 평소대로 일을 잘 해내는 것이다. 만약 술을 못한다면 동료들에게 잘 이야기해 마시지 않고 자신의 업무를 잘하는 것이 중요하다. '술은 술이고 업무는 업무'임을 잊어서는 안 된다.

광고회사의 승진 체계와 시기는 어떻게 되나요?

광고회사의 승진 체계는 회사마다 제도에 따라 다르다. 하지만 조금 큰 범주에서 살펴보면 승진은 크게 일반 승진과 특별 승진으로 나눠진다. 일반 승진은 연 1회 실시되며 통상적으로 승진 규정에 따른 연차가 된 사원을 대상으로 진행된다. 이에 결격 사유가 없거나 무난하게 업무를 해온 경력자에 대해서 진행된다고 볼 수 있다. 이에 비해 특별 승진은 승진 소요 근무 연수의 3분의 2 이상 경과한 자 중에서 근무에 탁월함을 보인 사람에게 주어진다. 이를테면 평정 규정에 의해 상위 10% 이내인 자로서 추천된 사람, 회사 발전에 크게 기여한 공이 있는 사람이다. 일반적인 연차로 승진된다기보다는 능력이나 성과에 따라서 조기 승진이 이뤄지는 것이다.

일반 승진을 기준으로 연차에 따라 승진이 어떻게 이뤄지는지 예시를 살펴보도록 하겠다. 중소 규모의 에이전시들은 과장이라는 직급이 있는 반면, 외국계나 대기업 계열 광고회사는 과장이란 직급이 없는 것도 차이점이다. 따라서 대리 이후에 차장으로 진급하는 경우가 많고 과장이라는 직급 없이 조금 더 긴 대리 시절을 보낸다는 것이 특징이다.

다음은 어느 외국계 광고회사의 승진 규정이다. 이를 통해서 해당 연차마다의 승진 규정을 살펴보자. 앞서 언급한 것처럼 회사마다 승진 규정과 승진 소요 근무 연차가 각각 다를 수 있다는 것을 염두에 두고 살펴보기 바란다. 또한 일반적이지 않은 직급 호칭을 부르는 회사들도 있다. 연구원, 선임, 책임 등의 호칭을 쓰기도 하며 어떤 곳은 직급을 두지 않고 영어 이름을 부르거나 ○○ 님 하고 이름에 님 자를 붙여서 통일하는 경우도 있다. 사장부터 말단 직원까지 모두 직급을 없애고 호칭을 통일해서 수평적인 조직 문화를 이룬 사례인데 실상은 팀장이라는 직급이 생기고 모두 연차에 따라 질서가 잡히기 때문에 호칭만으로 수평적인 문화를 이뤘다고는 보기 어렵다. 회사 개개인의 마인드가 수평적인 생각을 가지고 있을 때 진정한 수평적인 조직문화를 완성할 수 있다.

예시

승진 소요 근무 연수표

국장(단위: 년)

직급 학력	사원	대리	차장	부장	국장	수석 국장
대졸	3	3	3	3	–	

학력이 고졸인 경우: +4년(전문대졸인 경우: +2년)

학력이 대학원졸(업무 관련 학과 전공자에 한함)인 경우: −1년

* 재직 중 학위취득은 직장 경력과 중복되므로 경력 산정 시 제외

경력사원: ① 동종 업(직)종 경력자 100% 인정

② 타 업종 및 타 직종 경력자 50% 인정

어떤 회사는 실무자급이면 모두 매니저라는 호칭을 써서 임원과 직원만 구분된 형태로 일하기도 한다. 어느 회사는 '○○○ 프로'라는 호칭을 써서 고유의 회사문화를 정착하고 프로 정신을 공유하기도 한다.

조금은 오래된 규정이라서 지금은 많이 달라졌을 수도 있으나 부장까지는 연차에 의해서 일반 승진이 순조롭게 이뤄지는 경우를 볼 수 있으며 그 이후에 국장급은 그 자격에 맞는가에 따라서 임원들이 결정한다. 이후 임원으로 승진하는 것은 직원이 아닌 별도의 프로세스로 이뤄진다. 또 규정상 학력에 따라 승진이 늦어지기도 해 전문대를 졸업하고 입사한 실력 있는 팀원이 아쉬움을 토로한 일도 있었다. 이 규정 역시 회사마다 달라서 이런 규정이 없는 곳이라면 순수하게 실력과 경력만으로 직급이 올라갔을 것이다.

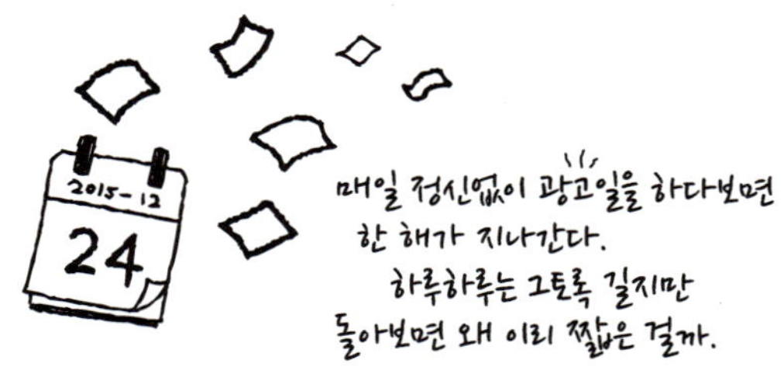

광고회사에도 정치가 있고
라인을 타야 성공하나요?

사람이 사는 곳은 어디나 정치적이다. 사람은 사회적 동물이란 말을 조금 더 비틀면 사람은 정치적 동물이기도 한 것이다. 정치는 다른 것이 아니다. 누군가를 평가할 때 그 사람의 능력과 본질보다 개인적인 판단과 호불호에 따라 판단해 더 나은 평가를 받아야 할 사람이 불이익을 겪는 경우를 말한다. 아무리 일을 잘해도 인사권을 가진 상사가 마음에 들어 하지 않는다면 평가가 절하되어 승진이 늦어질 수밖에 없다. 이런 부분들은 꼭 광고회사가 아니어도 사회에 만연할 것이다. 그렇기 때문에 직장생활이 힘들다고 하소연하는 사람이 많은 것이기도 하다.

광고회사의 경우 대기업처럼 인원이 많지 않을뿐더러 팀 체제가 강하다. 순발력 있게 호흡이 맞춰져야 긴급한 업무에도 발 빠르게 대응할 수 있기 때문이다. 또한 광고는 혼자서 잘한다고 만들 수 있는 것이 아니기 때문에 동료들이 함께 잘해줘야 일을 효율적으로 할 수 있고 시너지를 낼 수 있다. 그렇기에 제작 쪽은 도제식 문화가 아직도 남아 있다. 몇 년 동안을 밑에서 일하며 업무를 배우고 생각하는 것, 논리적인 면, 통찰력 등을 키워나간다. 그러다보면 사람에 대한 호불호는 자연스레 발생하기 마련이고 업무성과에 따라서도 평가를 받겠지만 좀 더 친하고 잘 따르는 팀원에게 점수를 더 주거나 혜택을 주는 경우가 많다.

가능하다면 모두와 친하게 지내고 존중하며 적을 만들지 않는 것이 필요하다. 사회생활에 두루 적용될 수 있는 말이지만 사람으로 시작해 사람으로 끝나고 협업을 위주로 돌아가는 광고회사에서는 더욱더 그렇다. 따라서 최대한 많은 이들에게 도움을 주고 그 이후에 필요한 도움을 적절히 받는 것이 나중에 도움이 된다. 당장은 광고회사에 있을 때 위아래가 성립되어 있지만 누군가 퇴사를 하면 어떤 위치에서 어떻게 만나게 될지 모르기 때문이다. 사람에 의존하기보다는 업무를 중심으로 최대한 우호적인 관계를 형성해나가는 것이 향후 경력에도 도움이 될 것이다.

최고의 정치는 역시 일을 잘하는 것이라 생각한다. 일을 잘하면 누구나 인정하고 그에 따른 보상도 받게 된다. 성격이 아주 모났거나 이상한 부분만 없다면 일을 잘하는 것이 모두에게 좋은 결과를 안겨준다. 그렇기 때문에 정치를 잘했느냐 못했느냐는 그리 중요하지 않다. 자신이 열심히 일하고 그것으로 회사와 팀에 기여한다면 사람들이 좋아하지 않을 리가 없다. 어느 곳에서든 꼭 필요하고 없어서는 안 될 중요한 존재가 되면 그것만으로 이미 정치를 잘한 사람이 되어 있을 것이다. 나는 적어도 그렇게 믿는다.

평생 광고인의
길을 걷는 신입들

대부분 광고회사 생활의 시작은 인턴 아니면 신입이다. 그러므로 대부분 신입으로 광고회사에 들어갔을 때와 경력사원으로 이직했을 때의 상황이 입사 전 가장 궁금할 것이다. 신입으로서 흔히 하는 실수는 무엇인지, 직무가 적성에 맞지 않을 때는 바꿀 수도 있는지, 인사고과는 어떻게 평가되는지, 직장 상사나 동료와 트러블이 생겼을 때 어떻게 대처해야 하는지 등 그동안 받았던 질문들을 토대로 답을 정리해보았다.

개인적인 경험을 떠올려보면 처음 광고회사의 인턴에 지원했을 때 1차 서류 전형에 자기소개서와 이력서를 준비했다. 온라인 접수로 이뤄졌으며 여기서 합격 통보를 받은 후 2차 시험과 발표 면접을 보았다. 시험은 업무 관련 영어문제와 간단한 광고용어들, 아이디어 테스트 정도의 문제를 제한 시간 내에 작성해 제출하는 것이었다. 그 이후 자리를 옮겨 대표님과 임원진 그리고 실무진 앞에서 '나의 5년 후 모습'에 대한 프레젠테이션을 했다. 당시 회사는 개인의 비전을 매우 중요하게 생각했고 이를 통해 회사의 비전과 얼마나 많은 공통점이 있는지 파악하고 채용을 결정했던 것 같다. 또 면접을 마치고 구직자로서 평소 회사에 대한 궁금증들을 적극적으로 질문했던 것이 기억난다.

얼마 후 이메일과 전화로 합격을 통보받았다. 인턴으로 시작해 이후 계약된 기간 동안 회사에서 내주는 미션, 개별 과제, 팀별 과제, 독후감 제출, 현업 보조, 교육 프로그램, 근태 관리 등을 평가받고, 종합적인 점수를 취합해 최종으로 신입사원을 선출하는 방식이었다. 원하는 광고회사에 입사했으니 최선을 다해야겠다는 생각뿐이었다. 인턴 동기들도 모두 새벽까지 열심히 배우고 일하며 인턴 기간을 무사히 마쳤다. 그 이후 정직원으로 선발되어 본격적인 업무에 투입되었다.

인턴까지는 개인의 역량을 최대한 잘 보여주기 위해 노력했다면, 정직원이 되고서는 이젠 한 사람의 프로로서 실무 능력을 보여줘야 하는데, 그러기에는 학교 교육과 현업이 너무나 달랐다. 책을 통해서 알 수 없는 다양하고 방대한 실무 지식은 머리를 하얗게 만들기도 했고, 비즈니스에 관련된 다양한 매너나 응대 방식도 처음부터 배우고 익히며, 정신없는 시간을 보내야만 했다. 부족한 것이 많을 때에도 사원이 되었으니 회사나 직장 상사들이 보는 기대치는 매우 높아진다. 으레 이 정도는 알겠지 하고 던져주는 일들이 많지만 되묻고 체크하지 않으면 펑크가 나는 일투성이었다. 최선을 다해도 잘했다는 이야기를 듣기가 쉽지 않고 안간힘을 써서 해결해야 중간 정도의 평가를 받을 수 있는 환경이었다.

긴장은 잦은 실수를 불러일으키고 눈치가 없으면 몸이 고생이었다. 점점 위축되고 시야는 좁아져서 몇 번의 칭찬과 대부분의 질책이 하루를 채웠다. 그 가운데 같은 처지인 동기들이 큰 힘이 되었다. 동기는 그만큼 사회생활을 하는 데 동병상련, 동고동락을 느끼게 해주는 중요한 존재다. 서로를 위로하기도, 때로 돕기도 하면서 함께 대리가 되고 과장이 되고 팀장이 되었다.

시간이 지나면 새로운 경험들 속에서 전문가가 되거나 혹은 회사를 떠나 다른 업종으로 옮겨가기도 한다. 돌이켜보면 서툴고 부족한 것이 많았던 신입 시절, 얼마나 많은 선배들이 우리를 배려하며 도와주고 참아주었는지 이제야 이해가 된다. 이것 또한 내리사랑이라 믿는다. 지금 들어오는 신입사원들에게 많은 것을 알려주고 위로와 응원을 해주는 선배로 살아가게 된 밑거름이 된 것 같다.

신입이 가장 많이 하는
실수는 무엇인가요?

신입들이 흔히 하는 실수는 슈퍼맨처럼 일하려고 할 때 발생한다. 본인의 실력은 아직 그렇지 못한데 주어진 일을 완벽하게 해내려는 의욕만 과도하게 넘칠 경우다. 우선 누구도 신입사원에게 상상을 초월하는 어려운 업무를 맡기지 않는다. 실수했을 경우의 리스크까지 염두에 두고 할 수 있는 일만 맡기는 것이 보통이다. 중요한 일은 직급이 있는 사람들이 적절히 분배해서 처리한다. 그것이 오히려 신속하고 정확하며 뒤탈이 없다. 그러나 부득이하게 신입에게 어려운 과제를 맡기기도 하는데 그때 뒤탈이 난다. 왜냐하면 신입사원이기 때문이다.

신입사원은 의욕이 강한 반면 업무를 잘 모른다. 그러다보니 업무에서 일어난 실수를 상사에게 말하지 않고 혼자 처리하기 위해서 시간을 보내다가 결국 광고주에게 제출하는 날이나 혹은 중요한 날이 지나서 구멍이 나는 경우가 종종 발생한다. 이때는 이미 엎질러진 물처럼 수습하기가 곤란해진다. 회사의 분위기는 험악해지고, 광고주로부터 불만사항이 접수되면 팀은 이를 막느라 진땀을 흘리게 되고, 신입사원은 쥐구멍이라도 들어가고 싶은 심정으로 안절부절못하게 된다. 누구나 상처가 났을 때 곧바로 하는 일이 소독을 하고 밴드를 붙이는 것이다. 당장은 소독하는 것이 쓰리고 아파도 그래야만 더 큰 부상으로 이어지는 것을 막을 수 있다. 업무적으로도 문제가 발생했을 때는 신속히 선배에게 알려 공론화하는 것이 더 큰일로 이어지는 상황을 막을 수 있다.

업무적으로 선배에게 부탁을 하면 처음에는 핀잔을 들을 수도 있지만 곧 해법을 알려준다. 선배 역시 그 시기를 지나왔기 때문에 무엇이 힘들고 안 되는지 아주 잘 알기 때문이다. 오히려 웃으면서 알려줄 수도 있다. 하지만 이것을 끙끙거리며 혼자 해결해보려 덮어왔다면 나중에는 더욱더 손보기 어려운 지경이 될 수 있다. 광고업은 시간이 생명이다. 시간을 부여한 만큼 퀄리티가 달라지고 시간을 쏟은 만큼 더 좋은 것이 나온다. 그렇기 때문에 가장 중요한 시간을 허비해서는 안 된다. 그 시간을 가장 효율적으로 쓸 수 있는 선배나 상사에게 물어보는 것만으로도 시간을 다르게 활용할 수 있을 것이다. 그래서 신입사원의 가장 큰 무기는 바로 적극적인 질문이다. 먼저 물어보고 일을 시작하자. 아무리 바쁘고 곤란한 일도 무리 없이 진행할 수 있을 것이다.

회사는 신입사원이 입사하면 당연히 기대를 한다. 하지만 사실 신입사원은 인사를 잘하는 것, 태도가 좋은 것, 지각하지 않는 것, 회의실 뒷정리를 하고 선배를 도와주는 것 등 기본에 충실하면 평균 이상의 좋은 평가를 받을 수 있다. 선배의 입장에서는 이렇게 작은 일도 잘하니까 이제 다음 업무를 맡겨볼까 하는 생각이 들기 때문이다. 그리고 맡겨진 업무를 생각보다 잘 해내면 더 가르쳐주고 싶어지면서 차츰 광고인으로서 한 사람의 역할을 할 수 있도록 믿고 맡기게 되는 것이다. 이처럼 신뢰를 얻는 기본을 잘하기 전까지 너무 과한 욕심을 부려 인정받으려 하는 것은 위험할 수 있다. 모든 것은 뿌리내리는 시간이 필요한 법이다. 광고의 기본을 다지며 환경에 적응하고 본바탕이 준비되어 있음을 증명해야 한다.

광고회사의 복지 혜택은
어떻게 되나요?

광고회사의 문화는 독특하기로 유명하다. 그것은 복지 혜택에서도 묻어 나온다. 내가 다녔던 회사들은 매일 아침마다 하루하루를 기념하고 기억하자는 뜻에서 단체 사진을 촬영했다. 사진을 매일의 기록으로 남겨두자는 뜻이었다. 물론 직원 중에는 아침에 부은 얼굴을 매일 찍어야 한다는 부담감을 내비친 사람들도 있지만 인생의 가장 젊을 때를 기록한다는 것 자체는 의미 있는 일일 것이다. 그리고 그 외에도 단체로 영화를 관람하는 '시네마 데이'가 있었다. 직원들에게 특정한 날에 극장으로 직접 출근하도록 해서 함께 영화를 보는 것이다. 이는 다른 회사들도 종종 진행하는 문화행사 중 하나 기도 하다.

일부 광고회사들의 점심시간은 조금 특별한 점이 있다. 금요일 오후에 2시간의 점심 시간을 주는 것이다. 이를 통해서 사람들을 만나고 오래 이야기하거나 개인적인 여유 를 가질 수 있게 해주는 제도이다. 이외에도 시간의 자율성을 직원에게 부여하는 것이 독특한 문화인데, 출퇴근 자율제와 주 4일 출근제가 파격적인 부분에 속한다(이는 모 든 광고회사의 문화는 아니다). 이러한 광고회사의 자유로운 분위기 속에서 나온 아이 디어는 크리에이티브가 좋을 수밖에 없을 것이다. 물론 권한을 주는 만큼 책임을 느끼고 따라가야 하는 것은 직원들의 몫이다. 이러한 문화들은 어쩌면 간단하게 이뤄지는 문화일 수도 있다. 오히려 더 독특한 문화를 가진 회사도 있기 때문이다. 어느 광고잡지에는 정직원이 되면 회사의 상징을 문신으로 한다거나 담배를 피우면 1달 월급을 감봉한다거나 등의 문화가 소개된 내용을 본 적이 있다. 어떻게 보면 직원 개인의 자유를 침해하는 것일 수도 있으나 너무 바빠서 이런 소소한 문화 자체가 없는 것도 문제일 수 있다. 광고회사다운 매력을 잃지 않고 새로운 시도와 문화를 만들어가는 것은 확실히 매력적인 일이기 때문이다.

특별한 기업문화와 복지가 특별한 회사를 만든다. 광고회사의 업무특성이 잘 발휘될 수 있도록 회사가 조금만 노력하고 신경 쓴다면 직원들의 삶이 더 개선되고 즐거워질 것은 분명하다. 더 많은 혜택을 주고 애사심을 키울 수 있게 해준다면 직원에게 많은 것을 주지 않고도 회사 입장에서는 오히려 많은 것을 얻는 지혜로운 경영이 이뤄질 것이다.

누구도 회사의 노예처럼 일하고 싶어 하지 않는다. 따라서 모두가 주인처럼 일할 수 있는 즐거운 복지제도와 문화를 만드는 것이 무엇보다 중요한 일이다. 그리고 그것이 광고업에 있어서 직원 개개인의 잠재적 재능을 끌어올리는 무척 중요한 관점이라고 생각한다. 가장 혁신적이고 창의적이어야 하는 사람들이 모인 곳이 바로 광고회사이기 때문에 혁신적인 삶을 지원하는 것이야말로 더 나은 서비스를 광고주에게 제공하는 원천이 될 것이다.

Q & A

적성에 따라 전혀 다른 직무로 전환도 가능한가요?

사람마다 특징이 다르고 생각이나 관점, 세계관이 다르다. 그렇기 때문에 서로 어우러 질 때 무한한 가능성을 낳기도 하고 생각지 못한 답을 찾게 되기도 한다. 이를 가능하 게 하는 것은 서로가 각자의 재능을 마음껏 끌어냈을 경우다. 따라서 조금이라도 적 성에 맞지 않는다고 생각하면 좀 더 제대로 일해볼 수 있는 환경을 만들어가는 것이 필요하다. 그것이 회사의 제도나 시스템에 묶여 있다면 이를 풀어줄 것을 당당히 요구 해도 좋다. 다만, 하나의 일을 제대로 해낸 사람에게 신뢰가 쌓이기 마련이고, 그러한 사람이 요구하는 바라면 같은 말을 해도 받아들여지는 정도가 다를 것이다. 평소에 일을 제대로 하지 않은 사람이 지금 하는 업무가 맞지 않는다고 하는 것은 불평하는 것이나 다름없기 때문이다.

정직원으로 입사해서 충분히 노력하고 일해왔다면 그것을 근거로 직무에 대한 고민 을 어필할 수 있다. 먼저 해당 팀장에게 고민을 상담하면 부서 전환에 관한 인사팀의 논의가 이루어진다. 이때 인사팀은 이 직원이 다른 부서로 옮겼을 때의 역량이 더 나 을 것인가 등 판단한 후 직무를 조정해준다. 왜냐하면 이 때문에 직원이 직무에 만족 하지 못하고 이직을 할 경우 오히려 회사 차원에서는 인력에 대한 손실이 더 크기 때문이다. 일반적인 우리의 생각보다 회사에서 한 사람의 직원을 채용해서 키우는 데에는 많은 비용이 든다. 연봉을 제외하고라도 교육비, 식비, 문화비 등 다양한 비용이 한 사람에게 들어가기 때문이다. 그리고 무엇보다 정신적으로 한 회사의 철학과 문화를 흡수한 사람과 그렇지 않은 사람은 업무적응도와 업무를 수행하는 데에 확실히 차이가 날 것이다. 그래서 이왕이면 회사의 시스템을 잘 아는 사람을 놓치지 않으려고 하는 것이 회사 측의 입장이다(물론 그의 업무 태도가 좋지 않고 불성실하며 기여한 바가 거의 없다면 망설일지도 모른다).

바다거북은 본래 바다에서 더 빠르게 헤엄치고 제 능력을 발휘할 수 있다. 하지만 이를 육지에서 빨리 뛰도록 교육시킨다면 흉내는 내겠지만 금방 한계를 드러낼 수밖에 없다. 이때 바다거북이 바다에서 헤엄을 친다면 기존의 움직임과는 차원이 다를 것이다. 재능이란 이런 것이다. 그리고 직원이 제대로 재능을 발휘한다면 개인은 물론 회사 차원에서 오히려 큰 이익이 될 것이기에 인사팀은 현명하게 인력 배치를 고려해야 한다.

때에 따라 이러한 점을 이용해서 직무를 변경하는 경우도 있다. 신입사원의 경우 기획자는 그나마 수요가 많아 뽑는 곳이 많은 편이지만 카피라이터는 워낙 신입을 뽑는 경우가 드물다. 전략적으로 어떤 사원은 기획자로 입사해 1년 정도 경력을 쌓고 카피라이터로 옮기고 싶다는 뜻을 회사에 내비쳤다. 이때 회사가 옮겨주지 않으면 회사를 그만 두겠다는 엄포를 놓아 마침내 카피라이터가 된 경우도 있다. 이 사원은 잘 적응한 인력을 놓치는 것이 회사의 손실이라는 것을 알고 있었고 영리하게 배짱으로 밀어붙인 것이다. 이 역시도 본인이 열정과 실력이 있다면 충분히 시도해볼 만한 방법이라 생각한다. 회사는 재정 악화가 아니라면 어떤 상황에서건 인재를 절대 놓치고 싶어 하지 않기 때문이다.

당장은 팀에서 놓아주지 않을 수도 있다. 그러나 더 좋은 환경에서 좀 더 능력을 펼칠 수 있도록 배려한다면 일하는 사람의 능률을 끌어올리고 회사 발전에도 도움이 될 것이다. 자주 불평하거나 고민하는 모습을 보이기보다는 묵묵히 스스로 결정한 후 의사결정자를 찾아가 솔직하게 말하는 것이 좋다. 그러면 회사 내부의 분위기를 흐리지 않으면서 큰 문제없이 잘 해결될 것이므로 무엇인가 조정이 필요할 때는 신중하되 단호하길 바란다.

경쟁을 즐길 줄 아는 광고인이야말로 진짜 광고인이다.

광고회사 인사고과는
어떤 식으로 평가되나요?

광고회사의 인사고과는 기본적으로 광고성과에 기반을 둔다. 즉, 자신이 담당한 광고주로부터 얼마만큼의 매출이 이뤄졌는지 보는 것이다. 보통의 경우 광고회사에 기존에 있던 브랜드를 담당하는 경우가 많으므로 이를 잘 관리하는 것만으로는 개인의 능력을 인정하지 않는다. 오히려 없던 광고주를 새롭게 영입해 수익을 낸 경우에 크게 인정받는다. 바로 경쟁 P.T를 통해 신규 광고주를 영입한 경우다. 이 경우 해당 직원이나 팀은 따로 금일봉을 받기도 하고, 전 직원들 앞에서 박수를 통해 격려를 받기도 한다. 이렇게 회사에 기여한 부분이 쌓이면서 인정을 받으면 자연스레 인사고과 점수는 올라간다.

광고회사는 광고를 통해 말한다. 어떤 것을 만들었는지가 그 광고회사의 실력이자 생존이라 볼 수도 있다. 그렇기 때문에 광고회사는 국내, 해외 어워즈에서 수상 실적을 높이 평가한다. 이는 광고회사의 명예를 드높이는 일이자 동시에 외부 영업력을 강화시키는 이정표 역할을 하기 때문이다. 이 역시 수상한 팀이나 개인에게 금일봉을 하사하거나 승진 기회를 주는 등 적극적인 보상을 해주기 마련이다.

이외에도 광고주에게 좋은 서비스를 제공해 큰 칭찬을 받거나 현재 담당하는 광고주의 브랜드를 크게 키워 광고비를 높였다거나 등 어떠한 성과가 두드러지게 나타나는 경우가 있다. 이때는 광고주가 먼저 어떤 방식으로든 광고회사를 높이 평가하며 간단한 선물이나 회식 자리를 빌려 보상을 해주기도 한다.

또한 회사 내부에서 눈에 띄는 활동을 통해 인정을 받기도 한다. 예를 들어 사우회장으로서 역할을 잘 소화했거나 봉사를 잘 했거나 근태 관리가 좋아서 한 번도 지각을 안 한 경우라든지 특별한 활동을 통해서 회사의 이름을 높이는 등 기여를 한 부분이 있을 때 인사고과에 영향을 준다. 흔히 사회생활에서 튀어나온 못이 먼저 박힌다고 하지만 광고회사에서는 튀어나온 못이 오히려 쓸모가 있고, 그 못에 좋은 옷이 걸린다. 성실하거나 실적을 내거나 혹은 무언가를 잘해서 전사적으로 주목을 받는 경우들이 인사고과에 영향을 미친다.

어느 10개월 된 인턴사원은 연말파티에서 주최한 노래경연대회를 나가서 1등을 하고 앙코르 곡을 부를 때 정직원에 대한 염원을 담아 노래를 개사해서 불렀는데, 이를 본 사장님이 박수를 치면서 칭찬했고 다음 달에는 정직원이 될 수 있었다. 그 인턴사원이 단지 그날 노래를 잘해서라기보다는 평소의 평판이나 업무에 대한 태도나 성과가 좋았던 탓일 것이다. 그리고 자신을 당당히 어필할 수 있는 용기가 있었기에 어려움 없이 채용이 진행된 경우라 생각한다.

대부분은 연초에 각자 올해의 자기 업무성과의 목표를 정하게 만든다. 정형화된 엑셀 서식에 자신이 속한 업무 가운데서 정성적, 정량적인 목표를 세우도록 권유하며 분명한 수치로 평가될 수 있도록 구체적인 가이드를 제시한다. 이를테면 경쟁 P.T 수주 몇 회, 국내외 어워즈 수상 시 가산점 부여 등의 항목이 그러하다. 이외에도 개인이 바라는 것이나 회사가 직원에게 원하는 것들이 정리되어 전달되기도 한다. 자기 자신을 알고 회사나 팀의 역량을 잘 가늠하고 정리해야 하는 중요한 인사고과 지표이며 의욕에 불타서 이루지 못할 계획을 세우는 순간 이를 실행하지 못했을 때의 책임은 더 크게 작용한다. 가능한 범위로 설정해놓고 최선을 다해 한 해를 살아간다면 팀장과 임원에게 좋은 평가를 받아 인센티브를 비롯한 연봉, 승진에 대해 좋은 보상을 받을 수 있을 것이다.

상사나 동료와 트러블이 있는 경우 어떻게 해결해야 하나요?

어느 조직에서건 직장 상사와 트러블이 있으면 회사생활을 하기 힘들어진다. 특히나 업무의 강도가 심한 광고회사에서는 이런 소모적인 갈등이 얼마나 큰 어려움을 주는지 모른다. 사람과 사람이 함께 작업해야 좋은 결과물이 나오는 광고업의 특성상 서로 소통이 되지 않고 스트레스만 가중된다면 이보다 더 힘든 일이 또 있을까. 기본적으로 먼저 한 상사에게 자신을 맞추고 노력하는 것이 한국사회에서 아랫사람의 도리일 것이다. 하지만 아무리 노력해도 맞춰지지 않는 상사라면 조직 개편 등 회사 차원의 노력이 필요할 수도 있다.

광고를 제작하는 것에도 디자이너와 카피라이터의 합이 맞아야 절묘한 제작물이 나올 수 있다. 이 둘 사이가 깨지고 잡음이 일어난다면 좋은 광고가 나올 리 만무하다. 서로의 역량을 끌어올려도 시원찮은 마당에 다툼이나 소모성 언쟁으로 시간을 보낸다면 좋은 광고는 물 건너간 것이나 다름없다. 물론 좋은 광고를 만들기 위한 열정으로 서로 의견 차가 생겨 토론이나 언쟁을 하는 것은 좋은 광고를 만들고 나면 좋았던 원래의 사이로 돌아오기 마련이다. 서로 말하진 않아도 더 잘해보자고 하는 욕심에서 기인한 것이므로 오히려 기분 좋게 일이 마무리될 수 있다. 하지만 인간적으로 뭔가가 싫다거나 마음에 들지 않는 경우에는 생각보다 좋은 업무가 이뤄지기 어렵다. 서로가 합을 맞춰야 100% 이상의 것이 나올 수 있는 것이 바로 크리에이티브의 영역이다.

필자의 경우에는 아이디어에 대한 시각 차가 커서 서로 분쟁이 발생하면 상대방의 아이디어를 다시 살펴본다. 그리고 그 안에 가능성과 장점을 최대한 다시 평가하고 이를 끌어올리는 데 힘을 써보기도 한다. 광고제작 마감 시간은 다가오고, 광고제작물의 방향도 결정되지 않았다면 소모적으로 다투다가 시간을 보내는 것은 무척 큰 손실이기 때문이다. 상대방의 아이디어에 좀 더 귀를 기울여 살펴보면 나의 역량을 쏟아서 나아질 수 있는 부분이 있기 마련이다. 광고에 정답은 없기 때문이다. 그렇게 해서 괜찮은 제작물이 나오면, 그 이후에 나의 의견을 피력함으로써 결과적으로 다음 작업에서 서로를 더 존중할 수 있게 된다.

내가 조금 더 져주고 맞춰주면서 끌어낼 수 있는 것을 더욱 찾아내는 것이 협업이라고 생각한다. 자연스레 시간이 지나면 누군가는 광고책임자가 된다. 책임을 질 수 있다는 것은 제작물의 여건을 충분히 파악하여 그 순간의 최선을 다하는 일이다. 때로 자존심 때문에 혹은 고집 때문에 일이 잘 진행되지 않는다면 그것에도 맞춰서 일할 수 있는 방법이 필요하다. 하지만 무엇보다 중요한 것은 결과물이다. 우린 결과로 일하는 사람들이기 때문에 결국은 그 책임을 피할 수는 없으며 이에 대해 서로가 노력하는 것이 분쟁을 피하는 방법일 것이다.

정답도 오답도 없는
경력 광고인들

광고업계만큼 이직이 잦은 곳도 없는 듯하다. 보통의 경우 평생직장처럼 한 광고회사에 다닌다면 그 나름의 이익이 있지만, 충성도와 비례해 처우를 더 챙겨주는 곳이 있는 반면 잡은 물고기에는 밥을 주지 않는다는 말처럼 불만이 없을 정도로만 적당히 챙겨주는 곳도 많다. 광고인들은 기본 이상의 책임감이 있기에 직원으로서는 오랜 시간 현재 연봉 수준과 상관없이 열심히 일한다. 하지만 매년 연봉 협상을 할 때 열심히 일한 만큼 인정하고 챙겨주지 않으면 작은 불만들이 쌓여 더 좋은 조건을 제시하는 회사에 눈을 돌릴 수밖에 없다. 경영주의 입장에서는 그것이 일종의 배신이라든지 돈만 따라서 간다고 폄하하는 발언을 하기도 하지만 그것은 그 위치에서 보는 시각일 뿐이다.

회사는 이익을 위해 노력하고 충분히 최선을 다한다. 그리고 그 과정 가운데 이익을 위한 이기적인 결정들이 작든 크든 숨어 있다. 그 관점을 개인에게 투영해보면 최선의 노동력과 최고의 재능을 발휘했는데 합당한 처우를 받지 못했을 때 섭섭하고 아쉬울 수밖에 없다. 그런 상황에서 스카우트 제의는 항상 들어온다. 이때 과연 흔들리지 않을 수 있을까. 기업은 직원을 먹여 살려야 하는 책임이 부담스럽듯이 직원이라는 개인도 가족을 먹여 살려야 하고 더 나은 삶을 영위해야 하는 부담이 늘 존재한다. 이 평등한 관점에서 좋은 인재라면 마땅히 좋은 조건으로 남아주길 바라며 귀하게 대접해야 한다. 그런데도 이직을 원한다면 그 이유에 대해 제대로 파악하고 나중에라도 돌아오고 싶은 회사로 만드는 것이 고생하다가 이직하는 동료를 위한 아름다운 배려일 것이다.

스포츠 선수들의 연봉과 그에 따른 이적은 곧 그 사람의 가치로 평가된다. 전문성을 발휘하며 일하는 사람도 그러한 평가 기준으로 봐줘야 한다. 몇 차례 이직을 해본 경험이 있기 때문에 이직이 무척 잦은 광고회사의 특성상 이직 후에 광고회사 생활과 경력 관리는 어떻게 해야 하는지, 또 옮긴 회사에서 어떻게 적응해야 하는지 등에 대해 생각해봤으며 슬럼프 극복에 대한 고민도 정리해보았다.

회사는 각각의 개별적인 문화를 띄고 있다. 누가 경영하느냐에 따라, 어떤 동료들이 분위기를 만드느냐에 따라, 어떤 광고주를 주로 담당하는가에 따라 나름의 독특한 분위기가 형성된다. 따라서 이직을 할 때는 그 회사에 대해서 자세히 파악해보는 것이 좋다. 대부분의 광고회사는 겉으로 보이는 측면을 더욱 신경 쓰고 아주 잘 다듬어놓는다. 따라서 이직을 할 때는 잘 보이지 않는 면을 파악하는 것이 참 중요하다. 외관은 멋져 보여도 경영 시스템이 좋지 않다든지, 중간 관리자들에게 문제가 있다든지 등 이러한 사항들은 업계의 소문과 재직한 사람들의 수소문을 통해서라도 체크해놓는 것이 좋다. 아무래도 이직이 잦으면 좋게 보지 않는 인식 때문에 막상 이직을 하고 잘못 옮겼다고 판단하더라도 일정 기간 이상을 재직하게 되는 것이 일반적이기 때문이다. 그래서 이직은 여러모로 신중해야 한다.

또한 아직 정년은 겪어보지 않았지만 광고인들의 삶은 일반 회사에 비해서 노후가 불안하고 정년이 짧다. 그렇기에 광고에 빠져 지내면서 어느 순간 은퇴 이후를 생각해야 할 것이다. 이 장에서는 광고회사에 다니며 직접 겪을 수 있는 면면을 살펴보고 각 상황별로 광고회사의 생활적인 측면에 대해서 정리해보았다.

이직이 잦다고 들었는데
이직하면 텃새가 심한가요?

광고회사는 이직이 잦은 대표적인 곳이다. 그 이유는 경력이 중요한 능력의 척도가 되고 그에 따른 보상이 다양하기 때문이다. 또한 업계가 좁기 때문에 같은 회사의 동기나 선후배들이 이직한 경우 옮긴 회사에서 자리가 나면 먼저 부르거나 소개를 해준다. 그러다보니 시간이 지날수록 다양한 회사에 퍼진 옛 동료들이 헤드헌터 역할을 하면서 더 나은 회사로 이직하도록 도움을 주고받게 된다. 그래서 광고회사는 처음 입사하기는 어렵지만 살아남은 뒤에 살펴보면 오히려 일자리가 많다.

광고계는 처음 입사할 때 경쟁률이 어마어마한데, 광고에 대한 환상만으로 지원하는 사람들이 많기 때문이다. 결과물로서의 광고만 보면 화려하고 때론 감동적이기까지 하다. 하지만 직접 광고를 만드는 과정에서 오는 괴로움을 겪고 나면 생각보다 힘들고 지쳐서 많은 이들이 그만두거나 다른 업계로 이직을 하게 된다. 그래서 정작 제대로 일할 줄 아는 경력자를 찾기란 쉽지 않은 상황이 벌어지는 것이다. 그렇기에 경력직에는 관대할 수밖에 없는 곳이 바로 광고계이고, 광고회사는 수시로 경력직 채용에 대한 빈자리가 존재한다.

적절한 이직은 경력에 도움이 되며, 연봉과 좋은 복지는 물론 자신이 좀 더 원하는 광고브랜드나 함께 일할 동료에 대한 선택에 있어서 좋은 점도 있다. 물론 새로운 곳에서 처음 보는 사람들과 바로 호흡을 맞추며 일해야 한다는 긴장감과 불편함이 있는 것도 사실이다. 하지만 사람을 만나 소통하기를 즐겨 하는 사람이라면, 혹은 커뮤니케이션 능력이 뛰어난 광고인이라면 기본적으로 사회생활이 어렵지는 않을 것이다.

광고회사로 이직하면 텃새가 없다고 볼 순 없다. 광고회사 역시 사람과 사람이 함께 일하는 곳이므로 모든 사회생활에서 일어날 수 있는 상황들이 벌어진다. 그중에서 텃새라면 몇 가지 사례를 꼽을 수 있다. 광고경력이 전무한 사람이 광고회사에 들어온 경우 '광고에 대해서 잘 알지도 못하면서'라는 시선을 받을 수 있다. 이럴 때는 다른 광고인 동료들보다 스스로 모자라고 경험이 부족하다는 것을 인식하고 몇 배의 노력을 더 해야 한다. 의욕만 가지고 있어도 안 되는 일들이 있기에 지식을 쌓고 광고일과 관련된 업무경험을 높이면서 서서히 인정받는 것이 중요하다. 광고인으로서 다른 회사에 이직한 경우에는 회사의 시스템이나 문화가 아주 다를 수 있기 때문에 이른바 분위기 파악을 잘해야 한다. 본인의 역량을 선보일 자리는 반드시 오며, 이때를 노려 자신의 경력이 헛되지 않았음을 증명해 보여야 한다.

어쨌든 마무리는 기승전'실력'이다. 광고인은 결과로 말할 수밖에 없다. 어떤 텃새가 있더라도 실력으로 증명할 수 있다면 금세 인정받고 누구와도 친해질 수 있다. 실력을 입증하고도 적응이 어렵다면 아마도 직장 상사의 질투나 성격적인 합이 맞지 않는 경우일 것이다. 이런 부분은 인성으로 다듬어나가는 수밖에 없다. 광고회사를 다니는 한 몇 번의 이직을 경험하게 될 텐데, 그 안에서 자신감을 잃지 않고 일하는 모습이 중요하다고 생각한다. 그때 비로소 동료들이 우리 회사의 직원으로 인정하기 쉬울 것이다.

광고인으로서 경력 관리는
어떻게 해야 하나요?

광고인의 이력서를 보고 그가 담당했던 프로젝트들을 살펴보면 대략 그 사람의 실력을 가늠해볼 수 있다. 과거의 포트폴리오와 최근의 포트폴리오의 편차가 크지 않다면 일관성 있게 자신의 능력을 펼쳐왔음을 알 수 있고, 또 이직을 얼마나 자주 했는가도 살펴볼 수 있다. 그러나 이직이 나쁘다고만 볼 수는 없다. 당사자의 신중한 고민과 결단이 보이고, 업무적으로 마땅한 이직 사유가 있어 이해될 수준이라면 결국 실력과 인성 중심으로 평가가 이루어진다. 그 외 회사의 문화와 인재의 성향이 잘 맞는지, 경력에 맞게 브랜드를 맡겼을 때 문제가 없을지 등을 평가하며 인사담당자는 그의 지인, 옛 직장동료나 상사에게 전화를 걸어 괜찮은 사람인지 체크하는 과정까지를 일반적으로 거치게 된다. 이처럼 좋은 경력직은 추천을 통해서 이뤄지는 경우가 대부분이다. 광고인의 경력 관리는 눈에 두드러지는 성과 몇 개로 충분하다. 체계화되고 좋은 광고 회사에서 일한 경험치, 광고를 잘 만드는 능력이 있다면 포트폴리오를 통해 보여주면 된다. 또한 광고 관련 어워즈 수상작들이 있다면 성과 위주로 어필하는 것이 좋다. 이것을 공식적으로 보여줄 수 있다면 인맥을 넓히기 위해서 애쓰거나 정치를 잘하려고 노력하지 않아도 된다. 무엇보다도 본질적인 실력이 광고인의 미래를 위한 가장 중요한 원동력인 것이다.

또한 광고인이 담당하는 직무와 연관성이 있는 취미나 여가 활동으로 경력 관리를 보완하는 경우도 있다. 카피라이터의 경우 문학작품을 책으로 낸다거나 평소 좋아하는 영화나 뮤지컬에 대해서 평론을 하고 이를 잡지에 기고했다면 광고를 잘 만드는 것과 같이 좋은 인식을 얻는다. 또한 디자이너의 경우 사진에 조예가 깊어 틈만 나면 출사를 나가 모은 사진을 토대로 사진전을 열기도 한다. 어떤 이는 순수 예술작품을 화가처럼 그리기도 하고, 또 누군가는 공방에서 가방이나 액세서리를 만드는 일을 배워 판매를 하기도 한다. 제작 쪽은 자신의 예술적인 영감을 다른 곳에도 쏟아내 광고 역시도 잘 만들고 있다는 후광효과를 확실히 심어주기도 한다. 기획자의 경우에는 어학능력을 보완하는 데 시간을 활용하기도 한다. 커뮤니케이션이 주된 업무의 하나이므로 외국계 광고주와 소통할 기회가 많기에 영어공부를 지속적으로 하는 경우가 많다. 이때 외부에 공식적으로 영어실력을 입증할 시험점수를 취득해놓으면 다른 회사로 이직을 할 때 유용한 근거로 제출할 수 있다. 즉, 외국계 광고회사에 입사하고 싶을 때 관련 광고기획자로서의 경력과 영어점수가 있으면 이직이 더욱 쉬워진다. 외국계에서는 주로 영어를 잘하는지 여부도 중요한 질문 중 하나이기 때문이다.

항상 바쁜 광고인들 중에서 자기개발을 하는 사람은 생각보다 적다. 무엇이든 부족한 점을 채워나간다면 그 자체로 경력과 더불어 차별화할 수 있는 포인트가 생길 것이다. 좋은 광고인은 끊임없이 자신의 역량을 개발한다. 그것이 곧 좋은 광고를 만들게 되는 자양분이 되는 것을 누구보다 본인이 잘 알기 때문이다. 재능은 기반이 되어야 하며 동시에 노력 없이는 아무런 발전도 이룰 수 없다.

이 길이 아니라고
생각이 들면 어떻게 하죠?

광고인으로 사는 현재의 이 길이 나에게 맞는지 아닌지를 고민해보는 것은 어떤 의미에서는 매우 중요한 일이다. 만약 광고가 내 길이 아닌 것 같다고 생각했다면 그리고 다른 길을 가겠다고 결정했다면 이 역시 좋은 선택을 한 것이다. 하지만 중요한 것은 정말 아닌가에 대한 정확한 판단이다. 어느 광고회사에 막 입사한 신입사원이 제대로 광고를 경험해보지 않은 상태에서 자신이 경험한 조직문화나 사람에게 상처를 받은 후 '나는 광고랑은 맞지 않나 봐'라고 속단하는 경우도 많기 때문이다. 광고를 스스로 제대로 만들어본 경험이 있어야 광고업에 대해서 이해를 했다고 볼 수 있다. 그러므로 광고를 접해본 유사경험이나 어느 한 조직의 단점을 확대 해석해 광고업 자체의 본질에 대해 회의감을 느껴 포기한다면 이는 무척 아쉬운 일이다.

그러나 제대로 광고를 경험해본 사람이 이 일은 다 겪어봤지만 나와 맞지 않는 길이라고 판단했다면 경험을 바탕으로 자신의 자질을 더 펼칠 수 있는 곳으로 옮기는 것이 좋다. 이전 글에도 설명했듯이 취업에서 중요한 것이 스펙이라면 이직은 경력이 전부다. 경력이 있는 사람이라면 광고업계를 떠난다고 해도 지금까지 일했던 경력을 기반으로 이직을 하면 된다. 무엇이든 새롭게 취업을 준비하는 것보다는 경력을 바탕으로 더 나은 곳을 바라볼 수 있기 때문이다.

먼저 신입사원 때 이 길이 아니라고 느꼈을 경우다. 현재 광고회사가 마음에 안 드는 것인지 광고일 자체가 마음에 안 드는 것인지를 잘 생각해본다. 그리고 본인의 적성에 맞는 일이 회사에 존재한다면 어떻게든 상사와 면담을 통해서 그 안에서 답을 찾아보는 것이다. 하지만 결코 이 업계가 아니라는 판단이 섰다면 현재 자신이 광고회사에서 일한 개월 수를 따져본다. 1년이 가까워온다면 1년 이상을 채워서 경력으로 만들어두고 만약 3개월 미만이라면 그만 두고 다른 일을 찾아봐도 그리 어렵지 않을 것이다. 외려 대학 졸업 전에 취업을 한 상태라면 결정은 빠를수록 좋다. 애매한 경우가 바로 6개월 정도 되었을 때인데, 이때는 회사를 다니는 상태에서 경력을 지우고 신입사원 채용에 서류를 넣어보며 틈을 찾는 것이 나을 수 있다.

최소 2~3년 차 경력자인 경우 '광고계를 떠나야겠다'고 마음먹었다면 먼저 자기 자신의 직무능력과 적성에 대해서 깊이 있게 고민해야 한다. 자신의 진로에 대해서 고민 후 정해진 방향이 있다면 그쪽으로 정보를 수집하고 현재 경력과 어떤 연결고리가 있을지 따져보고 이직준비를 하면 된다. 현재 업무 상태가 이직을 준비하기 버겁다거나 좋은 구직정보를 찾을 수가 없을 때는 헤드헌터를 통해서 이직을 진행하면 된다. 헤드헌터는 회사와 구직자를 연결시켜주며 채용이 성사되어 정해진 개월 수 이상을 다닐 경우 헤드헌터에게 인력을 채용한 회사가 비용을 보상하는 개념으로 이뤄진다. 자신의 현재 경력과 연결고리를 찾아서 이직하는 것이 가장 전문성을 유지하면서 더 나은 곳을 찾을 수 있는 방법이다. 광고회사에서는 보통 기업의 마케팅, 홍보 등의 업무를 하는 곳으로 이직하는 것을 볼 수 있다.

인생의 반 이상을 준비하고 채워가는 것이 바로 직업이 아닐까. 그런 중요한 일을 열심히 찾아서 즐겁게 하는 것이 곧 삶의 행복일 것이다. 때때로 어렵고 힘들지만 광고의 길을 선택한 사람은 그 안에서 행복을 찾고 또한 이 길이 아니라고 생각하는 사람은 더 행복할 수 있는 방향으로 자신의 길을 가야 한다. 언제고 늦은 때는 없다. 신중히 판단했다면 스스로를 믿고 바로 움직여 실행해야 한다.

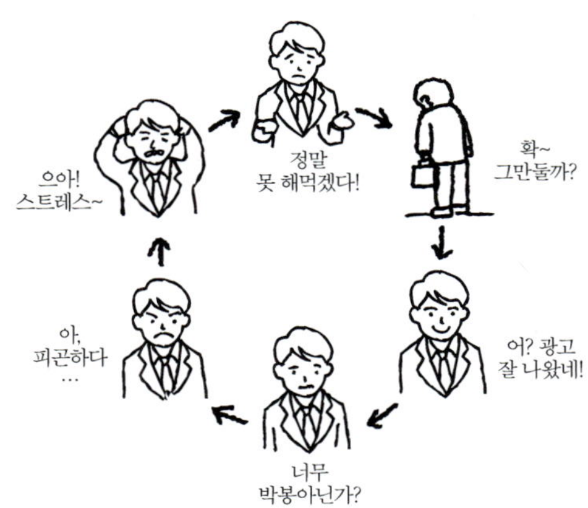

저 상사 때문에 못 하겠다 생각했다.
매일 떠나야지 생각했다.
야근이 힘들어서, 연봉이 작아서,
스트레스가 많아서 업계를 떠나고 싶었다.
그러다가도 내가 만든 광고를 밖에서
보게 되면 기쁘고 보람되었다.
이 때문에 투덜거리며 아직도 이 일을 하고 있는 것 같다.

Q & A

슬럼프가 오면
어떻게 극복해야 하나요?

슬럼프는 누구에게나 온다고 생각한다. 사람이 항상 건강하고 행복한 컨디션을 유지할 수 없듯 우리의 정신도 강할 때가 있고 약할 때가 있다. 그런 면에서 창의력이나 재능도 순조롭게 샘솟을 때도 있지만 바닥에 떨어진 것처럼 제대로 펼치기 어려운 때도 있다. 특히 365일 정신없이 일에 빠져 사는 광고인에게는 슬럼프가 오래 지속되어서는 곤란하다. 잦은 야근과 스트레스로 인한 컨디션 저하, 광고주와의 예상치 못한 갈등, 경쟁 P.T의 실수가 낳은 자신감 저하 등이 쌓이다보면 슬럼프가 올 수도 있다. 이때 얼마나 자신을 빨리 추스르고 다시 업무에 집중하느냐가 프로다움을 보여주는 척도가 될 것이다. 따라서 슬럼프를 극복하는 방법을 저마다 잘 파악해두어야 한다.

먼저 체력 저하로 오는 슬럼프가 있다. 어디가 아픈 것도 아닌데 몸이 무겁고 갑갑한 기분이 드는 날이 있다. 이처럼 컨디션이 나쁘면 업무에 집중도 잘 되지 않고 졸음이 쏟아지거나 때로는 모든 일에 의욕을 상실한 것처럼 힘이 없다. 이럴 때는 잘 쉬는 것밖에는 답이 없다. 업무에 어느 정도 틈이 있다면 휴가를 내는 것이 좋고, 심지어 쉴 여유조차 없다면 휴가를 내어 재택근무라도 신청해보자. 바쁘다고 쉬지 못하면 피로가 계속 누적되고 결국 병이 되어버릴지도 모른다.

그다음은 정신적 스트레스로 인한 의욕 저하다. 열심히 일할 때는 느끼지 못했던 피로감이 스트레스가 누적되어 어느 순간 폭발하면 그것이 심적으로 큰 부담이 되어 돌아온다. 편두통에 시달리거나 혈압이 높아지거나 혹은 가슴이 뛰거나 얼굴이 빨개지는 등의 증상으로 나타나기도 한다. 정신의 피로감이 쌓이면 머릿속이 하얗게 된다거나 중요한 일도 깜빡 하고 놓치는 경우가 많아진다. 휴가를 내서 여행을 간다든지 하루쯤 아무 생각 없이 푹 쉬면서 마음의 피로를 풀어주는 것이 좋다. 여건이 되지 않는다면 잠시 외출을 하거나 차 한잔을 마시며 마음을 다스리는 것은 어떨까. 혹은 마음을 털어놓고 이야기할 수 있는 사람과 시간을 갖는 것이 도움이 될 것이다. 그나마도 마땅치 않다면 좋아하는 음악을 들으면서 잠시라도 여유를 갖는 것이 좋다.

마지막으로는 몸과 마음 어느 것 하나 문제될 것이 없는데 업무적으로 잘 풀리지 않을 때다. 특히 중요한 제안을 준비하고 있거나 멋진 아이디어가 필요한 상황에서 해답을 얻지 못하고 끙끙거리는 경우가 있는데, 이를 해결할 수 있는 방법은 여러 사례를 보거나 문화적인 자극을 주어 새로운 생각을 하는 것이다. 사람의 머리는 신기하게도 무언가로 늘 채워지지 않으면 새로운 것이 나올 수 없다. 계속 일만 하고 복잡한 생활을 할 때 머리는 답답함을 느낀다. 의식적으로 새로운 것을 보고, 듣고, 느끼는 것이 중요하다. 슬럼프 역시 스트레스에 기인하는 경우가 많으므로 자신만의 스트레스 해소법을 찾아야 한다. 어떤 이는 실컷 잠을 자면 풀린다고 하고, 누군가는 친구와 수다를 떨면 해소가 된다고 한다. 또 어떤 이는 영화관에서 영화를 보는 것만으로 편안해진다고 한다. 그것이 어떤 방법이든 극복할 수 있는 방법을 가지고 있어야 한다. 그렇지 않으면 아마도 매우 자주 슬럼프에 빠지거나 쉽게 헤어나지 못할 수도 있기 때문이다.

광고회사의 정년은 언제까지인가요?

광고회사의 정년은 만 56세 정도이지만 회사마다 규정이 다르기 때문에 이에 따라 변동이 있기도 하다. 일반적인 회사보다 승진이 빠른 만큼 생각보다 정년퇴임을 하는 경우가 많지 않고 업무의 특성상 나이가 들수록 관리직에서 임원으로 승진하지 못하면 회사를 떠나는 경우가 많다. 하지만 이것은 육체적인 나이로 구분한 정년에 불과하다. 광고인 중에서 나이를 떠나 열심히 일하는 사람들도 많다. 반면에 아직 젊은 나이지만 생각이 늙어서 일에서 도태되는 사람들도 있다. 어쩌면 광고회사의 정년은 생각이 늙어버린 데에서 비롯된 것인지도 모르겠다.

광고인은 일반 회사에서 일하는 사람과는 달리 나이가 들면 그간의 연륜이나 생각의 축적 등이 오히려 빛을 발할 수 있는 때가 있을 것이라 생각한다. 실제적인 광고회사의 정년은 기록된 규정보다 더 짧기 때문에 나이든 광고인 선배를 보는 일이란 쉽지 않다. 하지만 우리나라의 광고산업이 단기간에 고속 성장을 이룬 것을 미루어보면 광고원로들의 공이 상당할 것으로 짐작된다. 그러므로 이에 대해서 더욱더 대우를 해줘야 마땅하다고 생각한다. 실제로 광고인으로 한평생을 살았지만 가난한 환경에서 돌아가신 분들도 적지 않기 때문이다.

광고회사의 정년은 아마도 더 짧아질 수도 있겠지만 40대 중반이면 업무를 마무리하고 또 다른 진로를 찾아갈 것으로 예상된다. 그 시기에 임원이 되지 못하면 좀 더 일하기란 사실상 어렵기 때문이다. 광고인으로서 정년을 생각한다는 것은 슬픈 일이다. 그때를 그려보면 아마도 더 일하고 싶은 욕심이 생길 것 같다. 그래서 조금이라도 젊은 때에 열심히 일하는 것이 당연하단 생각이 들 때도 있고, 정년 걱정 없이 일할 수 있는 광고회사를 만들고 싶다는 막연한 생각이 들기도 한다.

그래서 '정년'을 재정의해보고 싶다. 아마도 우리의 심장이 더 뛰지 않을 때가, 머릿속에 새로운 생각과 도전이 사라질 때가 바로 정년이 아닐까.

광고회사의 정년 시기는 개개인에 따라 더 당겨질 수도 있고 더 늘어날 수도 있다. 인간의 수명은 점차 늘어나고 있고 노후 준비의 중요성도 나날이 강조되고 있다. 하지만 정말 좋은 노후는 되도록 행복하게 오래오래 일하는 데에서 찾을 수도 있다. 앞으로의 일은 알 수 없지만 한 사람의 광고인으로서 열심히 일하다보면 훗날 나이가 들어 조금 더 오래 일할 수 있을지도 모르겠다. 이런 긍정적인 생각으로 최선을 다해서 멋진 정년을 맞이하고 싶다. 그리고 될 수 있는 한 좋은 광고를 더 많이 만들고 또 남기고 싶다.

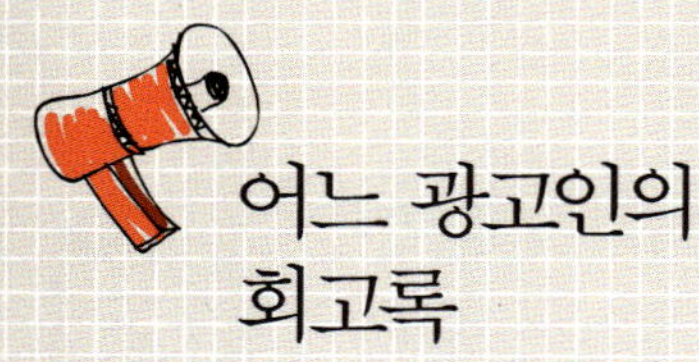

어느 광고인의
회고록

온라인광고회사로 첫발을 디딘 신입사원

이 군은 오래도록 카피라이터의 꿈을 키워왔다. 대학교도 광고홍보로 진학해 공부했고, 문예창작을 부전공했다. 학교에 다닐 때는 내내 마케팅과 광고, 홍보에 대한 지식을 쌓으며 여러 활동을 병행해왔으며 특히 글쓰기 능력을 키우기 위해 애썼다. 이 군은 학교라는 좁은 울타리를 벗어나 실무를 접할 수 있는 인턴십 및 공모전으로 스스로를 단련시켜 사회에 나가면 좋은 광고인이 되자고 마음먹었다. 그토록 되기 힘들다는 광고인에 대한 꿈이 있었기에 무엇이든지 할 각오가 되어 있었다. 그가 광고인을 만나면 묻는 항상 하는 질문이 있었다.

"좋은 카피라이터가 되기 위해서는 어떻게 해야 하죠?"

유능한 선배 카피라이터들을 만날 때마다 한결같이 손을 들고 물어봤던 이 군은 글을 잘 쓰는 카피라이터는 문학인과 다를 바가 없으므로 마케팅에 대한 감각과 실력을 키우고 그것을 잘 써내는 카피라이터가 되라는 이야기를 들었다. 그래서 실무를 접할 수 있는 광고회사의 인턴을 하면서 마케팅을 집중적으로 공부하기 시작했고, 많은 노력 끝에 혼자서 기획서를 써낼 수 있는 실력을 갖추게 되었다. 그리고 국내에서 큰 규모의 마케팅 공모전에서 작은 상이나마 입상을 하는 등 조금씩 마케팅에 대한 세계를 이해하고 깨달아갔다.

이후 이 군은 카피라이터라는 꿈을 붙잡기 위해 문예창작을 부전공하면서 글쓰기에도 몰입했다. 평소에 문학을 좋아했기에 다양한 글쓰기 강좌와 책 읽기에 집중했고 마침내 전문 수필지에 신인상을 받아 등단하기에 이르렀다. 수필가가 되었다는 기쁨보다는 이에 마케팅 경험을 결합해 멋진 카피라이터가 될 생각에 기분이 좋았다.

졸업을 한 학기 앞두고 이 군은 이력서를 써내기 시작했다. 다행히 남들보다 꿈을 일찍 꾼 덕분에 조금 더 많이 준비할 수 있었다고 생각했다. 그러나 유수의 광고회사에 이력서를 넣었지만 신입사원을 구하지 않는 현실의 벽에 부딪혔다. 하지만 포기하지 않고 계속 이력서를 넣던 중, 졸업 전 우리나라 최고의 온라인광고회사에 입사하게 되었다. 이 군은 이제 제대로 광고를 해볼 수 있겠다는 생각에 밤잠을 설쳤다. 그리고 첫 입사를 하게 된 순간! 아무것도 모르는 어린아이 같은 자신을 발견하게 된다. 4대 미디어 중심의 오프라인광고회사와는 완전히 다른, 온라인 중심의 광고를 접하게 되었기 때문이다. 이것은 이 군에게 적지 않은 충격을 주었고 지금까지 노력한 것들이 막막해지는 순간이었다. 새롭게 다가올 디지털 광고 시대를 준비하는 곳으로, 온라인 중심의 아이디어에 TV광고를 집행하는 회사였다. 인턴생활을 거쳐서 정직원이 되기까지 또다시 자신을 증명해 보이는 시간을 보냈다. 간절함 때문인지 좋은 기회를 이어나가 정직원으로 출근을 하게 되었다.

입사를 하고 현업을 살펴보니 기획을 주로 담당하는 AE(Account Executive)들이 참으로 많은 일을 하고 있었다. 그리고 카피라이터라는 역할을 가진 선배는 지극히 소수였다. 업무의 역할도 메시지 개발을 비롯해 기획자가 쓴 스토리보드를 보완하는 등 조금 협소해 보였다. 지금까지 이 군이 꿈꿔온 광고회사와는 전혀 다른 모습이었고 카피라이터의 역할은 매우 작게만 느껴졌다. 그러던 중, 사장님은 온라인광고를 제대로 경험해보고 카피를 써야 한다면서 기획자로 일할 것을 강조하셨다. 이 군은 마음이 매우 불안한 상태였지만 사장님을 믿고 기획을 해보기로 했다. 온라인광고기획자로 살게 되는 첫 순간이었다. 많은 준비가 되어 있다고 자신했던 이 군이었지만 처음 접해보는 온라인광고의 무대에서 완전히 작고 보잘것없는 자신을 발견하게 된다.

오프라인과 온라인 광고회사에서 각각의 역할은 다르다. 광고기획자, 카피라이터, 디자이너의 역할을 기본으로 차용하되 하는 업무의 내용은 많이 달랐다. 게다가 개발자와 코더, 플래셔 등 웹 기획으로 넘어가면서 듣게 되는 새로운 역할들에 매우 혼란을 느끼게 된다. 왜 그럴까? 바로 광고가 표현되는 미디어(Media)가 다르기 때문이었다. 학교에서 배웠던, 동아리에서 배우던 전통적인 4대 미디어로는 온라인광고를 이해하기 힘들었던 것이다.

이상은 높고 현실은 답답한 온라인광고회사

이제 온라인광고회사의 기획자로 일하게 된 이 군. 하지만 가슴 한편에는 여전히 카피라이터가 되겠다는 야망을 가지고 있었다. 최대한 온라인 업계를 배우려고 노력했고 이왕 기획을 하게 된 이상 최선을 다해보자는 다짐뿐이었다. 팀에 배정받고 국장님과 팀장님께 인사를 드리고 사수인 김 대리님 밑에서 하나씩 일을 배워가고 있었다. 아직 신입사원인 관계로 프로젝트를 진행할 수 없으니 보조적인 업무들을 대신하면서 어깨너머로 온라인광고, 프로모션을 배우는 중이었다. 서서히 온라인광고회사의 분위기를 몸으로 체득하며 시스템을 이해할 수 있었고, 아이디어 회의에 참여하면 적극적으로 아이디어를 내려고 노력했다. 그러나 온라인광고와 프로모션은 지금까지 배웠던 오프라인광고의 색다른 이야기와 창의적인 아이디어를 바탕으로 구조적인 프로세스를 낼 수 있어야 하는 것이었다. 게다가 너무 생소한 온라인광고 전문 용어들이 이 군을 혼란스럽게 했다.

예를 들어 온라인 프로모션 사이트에서 소비자의 접속과 유입량을 측정하는 용어, 배너광고의 노출대비 클릭을 나타내는 전문 용어들을 들을 때마다 머릿속이 복잡해졌다. 처음 듣는 용어들은 학교에서나 외부 활동에서도 배운 적이 없었다. 특히 사이트에 수정사항이 생겨 디자이너에게 갔더니 코딩까지 끝난 것에 웬 수정사항이냐고 볼멘소리를 들어야만 했고, 디자이너에게 양해를 구하며 일했다. 게다가 개발자들과 미팅을 하면 서버가 어떻고, 개발 일정이 며칠이 걸리고, URL은 어떻게 해야 하는지 알아봐달라는 등의 수많은 이야기가 어지럽게 들렸다.

오전에는 미디어렙사에서 찾아와 새롭게 진행되는 광고 건에 대해서 이야기를 하고 갔지만 왜 미팅을 한 것인지 이해가 되지 않았다. 미팅에 대해서 대리님에게 물어보니 우리가 만든 배너광고를 받아서 미디어사인 각종 포털사이트 등에 광고를 협의하여 부킹하고 집행해준다고 하셨다. 그리고 결과 리포트도 일일 혹은 주간, 월간으로 줄 것이니 잘 받아서 분석하고 광고주에게 보고하라고 하셨다. 잘 이해되지는 않았지만 우리를 도와주는 거래처 분들이라고 생각했다.

이 군이 학교에서, 광고를 배웠던 곳에서 익히 들었던 오프라인의 TV광고, 인쇄광고를 만드는 것과는 본질적으로 다른 환경에 막막함을 느꼈다. 그리고 광고를 만들어서 네이버나 다음과 같은 곳에 올려야 하는데, 왜 '미디어렙'이라는 곳에서 대신하는지도 몰랐을 뿐만 아니라 배너에 트래킹 코드를 심어서 리포트를 작성한다는 것도 어렵기만 한 개념이었다. 학교와 광고 연구단체에서 배운 것이 하나도 도움이 되지 않는 환경에 마치 고아가 된 기분이었다. 나름대로 10년간 광고인의 꿈을 가지고 살아왔고 많은 책을 읽었다고 자부심을 가졌는데 머리가 백지처럼 하얗게 되는 순간이 많았다. 도대체 온라인광고는 어떻게 배워야 하는 것일까? 좌충우돌 부딪치며 하루하루 새로운 것을 흡수하기에도 벅찬 나날이었다. 카피라이터도 되지 못했는데 기획자로 일하는 것도 너무나 힘든 시간이었다. 온라인광고는 완전히 새로운 것이라는 생각에 머리가 복잡해졌다.

정신없고 복잡함 속에서 느낀 만족감

온라인광고회사의 기획자는 특히 바쁘다. 광고캠페인에 필요한 모든 것을 챙겨야 했기 때문이다. 진행해야 할 것은 많고 책임은 너무 무거워 항상 피로가 가득한 모습이 되어버렸다. 급변하는 디지털 환경에 발맞춰 생소한 개념인 소셜 네트워크 서비스(Social Network Service)를 활용한 커뮤니케이션을 위해 스마트폰을 통한 트위터나 페이스북 그리고 QR코드가 무엇인지 등 새로운 트렌드를 익혀서 소개하고 온라인 마케팅에 적용해야 했다. 전체 스케줄을 챙기기도 바쁘고 광고 제작물을 이해하고 광고주에게 설명하고 설득하는 일도 만만치 않았다.

옆자리에 앉아 있는 선배를 보니 전화기와 휴대폰은 쉬지 않고 울리고, 열어보지 못한 이메일은 쌓여 있었다. 카피라이터는 콘셉트과 광고주 성향을 이해하지 못한다고 푸념한다. 온라인미디어광고의 특성을 알지 못한 채 멋진 표현에만 집착하는 경우 도움이 아니라 오히려 방해가 된다는 것이다. 자존심이 센 카피라이터는 기획자와 신경전을 벌이는 경우가 많은 것 같았다. 이처럼 기획자로 일해보니 기획팀은 정말 슈퍼맨같이 일했다. 나중에 카피라이터가 되면 이 군은 기획과 대립하는 것이 아니라 함께 캠페인을 만들어가면서 마케팅 아이디어는 물론 크리에이티브를 극대화해줄 사람이 돼야겠다고 다짐했다.

하루가 정말 정신없이 흘러갔다. 이 군 역시 일이 익숙해질수록 옆에 있는 기획자 선배만큼 일이 많아지는 것 같았다. 어제도 새벽 3시에 집에 갔고 조금 늦게 출근할 수도 있었지만 광고주가 오전에 일찍 출근해서 급히 수정사항을 줄 것이므로 반쯤 뜬눈으로 다시 회사에 출근했다. 자리에 앉아서 습관처럼 회사 메일을 켜놓으니 메일이 샌드위치처럼 차곡차곡 쌓이기 시작한다. 깊은 한숨이 나오고 또다시 시작될 전쟁터 같은 일들이 스쳐 지나간다. 이제 간신히 온라인광고와 프로모션이 어떻게 진행되는지 체감했을 뿐인데 회사에서 꽤 규모가 큰 프로젝트에 참여하게 되어 한시도 긴장감을 늦출 수 없었다.

갑작스럽게 만나게 되는 수많은 사람과 업무가 복잡하기만 했다. 메일을 확인해보니 새로운 배너광고를 만들어달라는 광고주의 메일이 왔다. 얼른 내부적으로 작업 완료되는 시점을 알아보고 광고주께 메일을 드렸다. 그러고는 지난번 경쟁 P.T 때 쓴 제안서와 어제 새벽에 드린 수행 제안서를 다시 살펴보고 내용을 정리해서 회의 준비를 마쳤다. 그 후 카피라이터, 디자이너들에게 이번 온라인광고 프로모션의 콘셉트와 기간 그리고 프로세스에 대해 설명했고, 광고의 톤앤매너(Tone&Manner)가 정의된 Creative Brief도 함께 보여주었다. 마지막으로 일정과 스케줄이 정리된 엑셀 차트를 나눠주고 일정을 조절한 후 회의를 마쳤다.

A 광고주의 일을 맡겨놓고 자리에 와보니 B 광고주가 집행 기간이 다 되어가는 광고의 최종 결과리포트를 요청해왔고, C 광고주가 이번 시즌에 새롭게 출시되는 제품에 대한 온라인광고 프로모션 전략을 의뢰해왔다. 숨을 몰아쉬며 팀장님과 국장님께 이 사실을 보고 드리고 잠시 모니터 앞에서 눈을 감아봤다. 정신없고 어지럽지만 기획은 참 다양한 일을 척척 해내는 '슈퍼맨처럼 일을 하는구나' 하고 생각했다. 그러면서도 광고주가 이번 온라인 프로모션에 대단히 흡족해하는 것을 보니 왠지 기분도 좋아진다. 정신없지만 온라인광고와 프로모션의 가능성에 대해서도 긍정적으로 생각하기 시작했다.

아는 만큼 보이는 디지털 카피라이팅의 세계

시간이 흘러 기획자로 일하다 이직을 하고, 인터랙티브 카피라이터가 된 이 군은 기획자로서 직접 카피를 쓸 때도 있었고, 전체적인 광고캠페인 스토리보드를 그리면서 쓸 때도 있었는데 그 작업들에서 완전히 다른 느낌을 받았다. 시간에 허덕이다가 급하게 써내는 카피가 아니라 크리에이티브를 더 고민해서 쓸 수 있고, 보다 노력해서 연구해볼 수 있다는 기대감이 있기 때문에 일단 무엇이든 최선을 다해서 써보겠다고 단단히 마음먹었다. 프로젝트가 거듭될수록 점점 오프라인 카피와 디지털 카피가 무엇이 다른지 온라인에서는 어떤 것이 더 중요한지 체득하기 시작했다. 점점 인터랙티브한 크리에이티브에 눈을 떠가며 이 군은 단지 웹카피라이터가 아닌 하나의 빅 아이디어가 어떻게 미디어를 통합시키면서 소비자와 커뮤니케이션을 하는지 캠페인의 구조를 조금씩 더 이해하기 시작했다.

미디어의 특성에 따라 디지털 카피를 어떻게 써야 하는지 섬세하게 이해하게 되었고, 서서히 디지털을 중심으로 스토리텔링을 하고 브랜드를 중심으로 커뮤니케이션이 가능한 콘텐츠를 만들어낼 수 있는 자질이 필요함을 깨닫게 된다. 콘셉트를 중심으로 설계된 광고캠페인과 콘텐츠를 통해 소비자의 다음 행동을 이끌어내 브랜드를 체험하게 만들도록 총체적인 고민을 하게 된 것이다.

이 군은 카피에 대한 열정 하나로 바닥에서부터 치열하게 배워서 익힌 것을 바탕으로 후배들에게 인터랙티브 카피라이터라는 진화된 역할을 설명하고 노하우를 전수하고 싶다고 생각했다. 그러기 위해서 필요한 것이 바로 캠페인의 근간이 되는 콘셉트를 잘 만들고 디지털미디어를 이해해 브랜드와 소비자를 섬세하게 연결시키는 디지털 스토리텔러의 역할이었다.

더 위대한 크리에이티브의 탄생을 위해

기존의 카피라이터의 역할에 디지털미디어 광고시대의 특성을 더하여 인터랙티브 카피라이터라는 역할을 정의하며 일한 지도 몇 해가 지났다. 이 군은 업계의 인지도 높은 상을 여러 차례 수상하면서 전문지에 칼럼도 쓰고 관련 책을 내는 등 나름의 길을 견고히 가고 있었다. 이 군은 혁신을 추구하는 새로운 시도를 계속해나갔고 디지털 시대의 광고 크리에이티브에 대한 새로운 생각들을 품게 되었다. 그 가운데 다음 역할에 대한 결론은 온라인과 오프라인의 특성을 제대로 살려 통합적으로 광고제작물을 만드는 디지털 크리에이티브 디렉터였다. 이후 세계적인 광고회사에서 디지털 크리에이티브 디렉터를 찾는다는 연락을 받게 되어 마지막 이직을 하게 된다. 그리고 디지털 중심으로 소비자와의 커뮤니케이션을 이끌어내는 다양한 아이디어를 펼쳐볼 수 있게 되었다. 특히 오프라인 크리에이티브 디렉터들과 함께 일하며 통합적인 안목과 업무방식을 배우게 된 것도 상당히 큰 도움이 되었다. 앞으로의 변화들을 준비할 수 있는 비전이 있는 자리였다.

그 후, 독창적으로 자신의 꿈을 주도적으로 이루고 펼쳐나갈 방법을 고민하다 광고회사를 창업하기에 이른다. 이 군에게 가장 큰 힘이 되는 기획자와 공동 창업을 결심한 것이다. 창업 후에는 정신없이 많은 일들을 해냈고 그 가운데 한 번 더 큰 발전을 경험할 수 있었다. 이로써 잦은 야근을 경험하기도 했지만 서서히 회사가 안정되어가자 '시간을 선물하는 광고회사'로서 주 4일제 출근제 등을 도입하며 동료들과 업무의 본질을 살리는 문화를 만들어가고 있다. 이 군은 앞으로도 광고를 만들며 때때로 풀리지 않는 고민들과 예상치 못한 일들로 난관에 봉착하기도 하겠지만 지금처럼 주체적으로 일하며, 디지털 시대의 빠른 변화에 발맞춰 언제나 초년의 마음을 잊지 않고 일할 것이다. 그리고 그의 동료들과 세상에 기여할 수 있는 좋은 광고들을 많이 만들어갈 생각이다. 크리에이티브는 크리스마스처럼 사랑과 희생이 본질이라는 것을 알기 때문이다.

" 참 다른,
위대한 광고인들의 탄생을 기대하여 "

광고만큼 변화무쌍한 직업은 없다. 전통적인 광고미디어였던 TV와 라디오, 신문과 잡지가 힘을 잃어가는 동시에 온라인미디어가 급부상하며 우리 삶에 중요한 비중을 차지해버렸다. 디지털 시대를 살고 있는 광고인들은 역사상 가장 큰 변화 속에 살고 있다. 앞으로의 광고 역시 지속적으로 변화와 발전을 거듭해갈 산업이라고 생각한다. 사람들에게 판매되는 제품이 있는 한 마케팅은 멈추지 않을 것이며, 그 속에 광고도 함께할 것이기 때문이다. 광고인은 많은 변화, 스트레스와 위기, 동시에 수많은 기회 속에서 살고 있다. 그렇기에 어쩌면 광고인에게는 '광고인이 되는 것'보다 '제대로 하는 광고인'으로 산다는 것이 더 어려운 일이다.

제대로 광고를 하고 싶어 노력하던 중에 원고 의뢰를 받았다. 아직 모자람투성이인 내가 광고와 광고인에 대해 제대로 알려줄 수 있을까 하는 의구심이 들었다. 그렇게 망설이다 아주 오래전 광고인이 되고 싶어서 밤잠을 설치던 학생 때가 떠올랐다. 막연하게 광고인이 되고 싶다고 잠을 뒤척이며 가슴 졸였던 침전된 기억들이 가슴 밑바닥부터 떠올랐다. 어쩌면 그때의 내 모습처럼 광고와 광고인의 삶에 대해 좀 더 알고 싶어 하는 학생들이 있을 것이란 생각이 들었다. 그래서 쓰지 않는 것보다 쓰는 편이 학생들을 위해서 조금 더 도움이 될 것이란 생각으로 용기를 내어 책을 쓰게 되었다.

아직도 갈 길이 구만리지만 광고를 했던 시간을 돌아보면 다행히 나는 운이 좋았다.

재직했던 회사마다 당시 이름을 떨치던 회사들이었고 지금도 광고인들 사이에서 인정받는 훌륭한 회사들을 다녔다. 그 안에서 다양한 광고와 광고인의 삶에 대해 배울 수 있었다. 일하는 방법, 생각을 정리하고 표현하는 법, 광고주를 대하는 방법과 동료들과 함께 일하는 방법, 카피를 쓰는 법과 크리에이티브를 디렉팅하는 방법 등 모든 것을 선배들에게 배웠고 회사의 생존을 함께하며 체득할 수 있었다. 그래서 이 글을 빌려 모든 분들께 감사하다는 말을 전하고 싶다.

이 책을 출간해주신 이담북스 관계자분들, 참 멋진 회사를 기도로 함께 키워가고 있는 공동 창업자 이민미 실장과 크리에이티브마스 동료들, 함께 해주신 광고주 분들께 깊이 감사를 드린다. 늘 부족한 나를 응원해주시는 많은 스승님들과 애드파워 선후배들, 계원예술대학교 교수님들과 학생들에게도 감사의 마음을 전한다. 그리고 세상을 살아가는 든든한 힘을 주는 아내와 서율이, 세윤이에게 깊이 사랑한다고 말하고 싶다. 모든 것이 하나님의 은혜라고 생각하며, 이 책과 더불어 위대한 광고인들의 탄생을 위해 기도할 것이다.

난 널 믿어요
넌, 할 수 있어